U0565103

"当代经济学创新丛书"编委会

主　编　夏斌

编　委（以姓氏笔画为序）

　　　韦　森　田国强　白重恩　许成钢　杨瑞龙　姚　洋

National Economics Foundation
北京当代经济学基金会

当代经济学创新丛书
[全国优秀博士论文]

家庭资源分配决策与
人力资本形成

李长洪 著

上海三联书店

"当代经济学创新丛书"

由当代经济学基金会(NEF)资助出版

总　序

经济学说史上，曾获得诺贝尔经济学奖，被后人极为推崇的一些经济学"大家"，其聪慧的初露、才华的表现，往往在其年轻时的博士论文中已频频闪现。例如，保罗·萨缪尔逊（Paul Samuelson）的《经济分析基础》，肯尼斯·阿罗（Kenneth Arrow）的《社会选择与个人价值》，冈纳·缪尔达尔（Gunnar Myrdal）的《价格形成和变化因素》，米尔顿·弗里德曼（Milton Friedman）的《独立职业活动的收入》，加里·贝克尔（Gary Becker）的《歧视经济学》以及约翰·纳什（John Nash）的《非合作博弈》，等等。就是这些当初作为青年学子在博士论文中开启的研究领域或方向，提出的思想观点和分析视角，往往成就了其人生一辈子研究经济学的轨迹，奠定了其在经济学说史上在此方面的首创经济学著作的地位，并为日后经济学术思想的进一步挖掘夯实了基础。

经济学科是如此，其他社会科学领域，包括自然科学也是如此。年轻时的刻苦学习与钻研，往往成为判断日后能否在学术上取得优异成就，能否对人类知识的创新包括经济科学的繁荣作出成就的极为重要的第一步。世界著名哲学家维特根斯坦博士论文《逻辑哲学导论》答辩中，围绕当时世界著名大哲学家罗素、摩尔、魏斯曼的现场答辩趣闻就是极其生动的一例。

世界正处于百年未遇的大变局。2008年霸权国家的金融危机，四十多年的中国增长之谜……传统的经济学遇到了太多太多的挑战。经济学需要反思、需要革命。我预测,在世界经济格局大变化和新科技革命风暴的催生下,今后五十年、一百年正是涌现经济学大师的年代。纵观经济思想史,历史上经济学大师的出现首先是时代的召唤。亚当·斯密、卡尔·马克思、约翰·梅纳德·凯恩斯的出现,正是反映了资本主义早期萌芽、发展中矛盾重重及陷入发展中危机的不同时代。除了时代环境的因素,经济学大师的出现,又有赖于自身学术志向的确立、学术规范的潜移默化、学术创新钻研精神的孜孜不倦,以及周围学术自由和学术争鸣氛围的支撑。

旨在"鼓励理论创新,繁荣经济科学"的当代经济学基金会,就是想为塑造、推动未来经济学大师的涌现起到一点推动作用,为繁荣中国经济科学做点事。围绕推动中国经济学理论创新开展的一系列公益活动中有一项是设立"当代经济学奖"和"全国经济学优秀博士论文奖"。"当代经济学创新丛书"是基于后者获奖的论文,经作者本人同意,由当代经济学基金会资助,陆续出版。

经济学博士论文作为年轻时学历教育、研究的成果,会存在这样和那样的不足或疏忽。但是,论文毕竟是作者历经了多少个日日夜夜,熬过了多少次灯光下的困意,时酸时辣,时苦时甜,努力拼搏的成果。仔细阅读这些论文,你会发现,不管是在经济学研究中对新问题的提出,新视角的寻找,还是在结合中国四十多年改革开放实践,对已有经济学理论模型的实证分析以及对经济模型假设条件调整、补充后的分析中,均闪现出对经济理论和分析技术的完善与创新。我相信,对其中有些年轻作者来说,博士论文恰恰是其成为未来经济学大师的基石,其路径依赖有可能就此开始。对繁荣中国经济理论而言,这些创新思考,对其他经济学研究者的研究有重要的启发。

年轻时代精力旺盛,想象丰富,是出灵感、搞科研的大好时光。出版这套丛书,我们由衷地希望在校的经济学硕博生,互相激励,刻苦钻研;希望志在经济学前沿研究的已毕业经济学硕博生，继续努力，勇攀高峰；希望这套丛书能成为经济科学研究领域里的"铺路石"、参考书；同时希望社会上有更多的有识之士一起来关心和爱护年轻经济学者的成长，在"一个需要理论而且一定能够产生理论的时代，在一个需要思想而且一定能够产生思想的时代"，让我们共同努力，为在人类经济思想史上多留下点中国人的声音而奋斗。

夏斌

当代经济学基金会创始理事长

初写于 2017 年 12 月，修改于 2021 年 4 月

目 录

图表目录

前　言

　　20 世纪 60 年代，以舒尔茨（Schultz）、贝克尔（Becker）和明瑟（Mincer）为代表的学者开创了人力资本理论。该理论的核心思想是，个体可以通过教育、职业培训等方式提高生产能力，继而提高和改善未来的收入和生活水平。随后，为数不少的学者以受教育年限多少度量人力资本，理论和实证研究高人力资本的效果。结果发现：人力资本高低不仅会影响个人的收入、幸福感，以及人生的成长轨迹，也关系着一国的劳动力素质和经济发展水平。

　　当前，我国的经济发展已经由"高速增长"阶段转向"高质量发展"阶段。推动经济继续往高质量方向发展，是政府部门在今后很长一段时期内制定经济政策和进行宏观调控的一个根本要求。如何实现经济高质量发展，一个重要的源头是高质量人力资本的提升。已有不少学者研究发现人力资本对经济增长的贡献率越来越大，对一个国家提升国际竞争力的作用也越来越明显。如何提高具有"经济增长引擎作用"的人力资本，为高质量发展提供重要的支撑，是我们需要深入思考的问题。

　　目前，学者们主要从家庭和学校两个方面，剖析影响个体人力资本形成的因素。其中，诺贝尔经济学奖获得者詹姆斯·赫克曼（James J. Heckmn）基于生命周期视角提出的人力资本投资回报规律，即赫克曼曲线，发现个体生命早期接受的教育等人力资本所带来的投资回报率是最高的。这些早期的教育投资决策往往取决于父母,个体更多扮演的是被动接受者角色。因此,个体生命早期的人力资本开发、形成和积累,更多地取决于家庭因素的影响。有鉴于此,不少文献基于家庭层面视角,探讨家庭的资源分配决策会如何影响个体的人力资本形成。而在学校层面,学者们则主要从教师和同伴特征视角,探讨影响个体在校期间人力资本形成的因素。

本书主要围绕"家庭资源分配决策影响个体人力资本形成"这一主题开展研究工作。回答这一主题的相关问题,不仅有利于从微观层面厘清家庭在个体人力资本投资、积累和形成中扮演的角色,同时也为实现我国经济高质量发展提供精准调控的微观视角。在现实生活中,家庭资源分配决策对个体人力资本形成的影响,常由两个步骤构成:首先,父母在休闲(leisure)和工作(work)间分配时间,将赚取到的工资收入,分配至子女的人力资本投资、商品消费和储蓄;然后,再投资至子女的人力资本资源,根据子女的能力、数量和父母性别偏好等因素,在子女(或小孩的数量和质量①)间进行分配,进而影响个体的人力资本。

具体而言,本书将对以下三个问题开展研究工作。首先,以教育供给方的特征变动为切入点,讨论家庭资源分配决策如何影响个体的人力资本;其次,在贝克尔和刘易斯(Becker and Lewis,1973)的人口数量和质量的权衡理论(Quantity-Quality Trade-off,以下简称"Q-Q理论")基础上,讨论家庭资源分配决策影响个体人力资本,可能产生的外部性;最后,基于"班级"社交网络视角,讨论人力资本的外部性影响。

本书研究的问题具有以下三方面的创新之处。首先,不同于已有学者常从教育需求方的特征变动入手,分析父母收入、性别偏好、兄弟姐妹数量

---

① 无特殊说明,本书涉及第四章所指的小孩质量均表示小孩能力。

等特征变动如何影响家庭的资源分配决策，继而影响个体的教育获得。本书研究的第一个问题是以教育供给方的特征变动为新的切入点，理论和实证分析教育供给增加如何通过影响个体获得教育的最低认知能力要求，进而影响父母在儿子和女儿间的教育资源分配决策，从而影响男女教育获得差距。

其次，在贝克尔和刘易斯（Becker and Lewis，1973）的 Q-Q 理论基础上，讨论家庭资源分配决策影响个体人力资本，可能产生的外部性影响。Q-Q 理论是劳动经济学家长期关注的一个重要命题。目前的经济学者聚焦于讨论家庭内部父母在小孩数量和质量间的权衡经济决策，分析父母生育成本如何影响小孩的能力，继而影响小孩的受教育程度，但是，忽略了父母这一经济决策可能产生的外部性影响。因此，本书研究的第二个问题旨在填补这一文献空白。具体而言，在"一孩政策"的实施背景下，以父母生育成本变动为切入点，理论和实证研究家庭内部小孩数量与能力间的权衡经济决策所产生的外部性，会如何影响个体的教育获得。

最后，不同于现有学者常讨论个体教育和认知能力人力资本的外部性影响，本书研究的第三个问题是以非认知能力人力资本（以情绪等指标衡量）为新视角，基于"班级"社交网络，讨论个体人力资本产生的外部性影响。考虑到非认知能力的涵盖内容多、覆盖范围广，若以一综合指标探讨学生非认知能力的外部性影响，则可能会面临影响机制不便探讨清晰、度量指标易出现重叠等问题。本书将结合近些年我国频发的群体性负向情绪传染现象（譬如，"富士康十连跳"事件）的现实背景，以负向情绪为例，基于"班级"社交网络，探讨班级内学生的非认知能力是否存在外部性影响。由于学校老师在进行分班或调整座位决策时，一般以学生的学业表现，而不以负向情绪高低作为参考标准，本书通过实证识别班级内其他学生负向情绪是否会显著影响个体的负向情绪，以检验非认知能力人力资本的外部性影响是否显著存在。

本书共分六章,各章节的行文结构安排如下。

第一章为绪论部分。该部分首先介绍本书的研究背景和提出的研究问题。然后,介绍本书研究问题的逻辑线索和学术贡献。

第二章是文献综述。结合本书研究的问题,该部分梳理了与本书相关的研究成果和进展。首先,关于家庭的资源分配决策影响个体人力资本形成。梳理和总结既有研究收入和同胞数量等家庭特征变动如何通过父母在子女间的资源分配决策,进而影响个体教育获得的相关文献;其次,关于个体人力资本的外部性影响,从受教育年限和认知能力两方面,梳理和总结人力资本的外部性影响相关文献;最后,分别对这两支文献进行总结和评述。

第三章是本书研究的第一个问题。以教育供给方的特征变动为切入点,研究当存在"重男轻女"观念时,教育供给增加如何影响父母在儿子和女儿间的教育资源分配决策,继而影响男女教育获得的差距。首先,引言部分介绍了该章节的研究动机,以及简述本章的理论模型和实证结论;其次,构建一个简单的理论模型,分析教育扩招如何影响父母在儿子和女儿间的教育资源分配决策,进而影响男女的教育获得差距;再次,介绍本章的实证部分,具体包括:"高校扩招"的实施背景、实证回归使用的数据、计量模型的建立、实证识别的策略,以及汇报和分析本章节的实证结果;最后是本章的小结。

第四章是本书研究的第二个问题。在贝克尔和刘易斯(Becker and Lewis,1973)的 Q-Q 理论基础上,讨论家庭资源分配决策影响个体人力资本,可能产生的外部性影响。具体而言,本章节利用中国 1979 年"一孩政策"作为一个外生冲击,研究家庭内部小孩数量与质量的权衡经济决策所产生的外部性如何影响个体的教育获得。首先,引言部分介绍了该章节的研究动机，以及简述本章节的理论模型和实证结论；其次，通过构建一个理论模型，分析父母生育成本变动会如何影响小孩数量和质量（能力），以及如何进一步通过个体能力、外部小孩数量和外部小孩能力渠道，影响个体的教育获得；再次，介绍本章节的实证部分，具体包括："一孩政策"的实施背景、实证回归使用的数据、实证识别的策略、计量模型的建立，以及汇报和分析本章节的实证结果，最后是本章的小结。

第五章是本书研究的第三个问题。以"非认知能力"为例，讨论人力资本的外部性影响。具体而言，基于"班级"社交网络视角，以负向情绪为例，研究班级内学生的非认知能力是否存在外部性影响。首先，引言部分介绍了该章节的研究动机，理论分析情绪传染的机制，以及简述本章节的实证结论；其次，介绍实证回归使用的数据、计量模型的建立和实证识别的策略；再次，汇报和分析本章节的实证结果；最后是本章的小结。

第六章是本书的总结和展望。对本书的主要工作和结论进行总结，并对可能需要改进和拓展的内容进行阐述。

综上，本书利用理论模型和实证回归研究方法，围绕"家庭资源分配决策影响个体人力资本形成"这一主题开展了较为严谨的研究工作，不仅以教育供给方的特征变动为新的切入点，探讨家庭内部资源分配决策如何影响个体教育人力资本形成，而且进一步分析家庭资源分配决策影响个体教育和非认知能力人力资本可能产生的外部性。书中的实证结论源于中国人口普查等微观调查数据，结论比较可信，具有一定的学术价值。此外，本书的研究结论对于理解近些年政府部门实施的普通高等学校本专科和研究生扩招政策、生育政策调整产生的社会经济后果，以及如何提升高质量人力资本等重要问题均有较大的帮助，也对我国当前群体性负向情绪的螺旋现象有一定的启示意义。

本书的撰写和出版离不开许多人的帮助。首先，本书是在我的博士毕业论文基础上编著而成的。在出版之际,特别要感谢我的博士生导师赵敏强老师。在完成博士毕业论文的过程中,赵老师给予我非常细心、认真和负责的帮助和指导。即便博士已毕业,但与赵老师每周至少一次的午餐"一对一"讨论,以及时常凌晨两三点回复我邮件的场景,仍一一浮现在眼前,仿佛就在昨天。有幸成为赵老师的第一个博士生,唯有不懈努力,认真做学问,方不负老师的教诲和期望。其次,我要感谢厦门大学王亚南经济研究院,非常感谢学院对我的悉心培养,以及感谢当代经济学基金会推荐我的博士毕业论文参选 2020 年"当代经济学博士创新项目"(原"中国经济学优秀博士论文奖")。此外,我还要感谢在厦门大学攻读博士学位时的诸多授课老师和同窗们,他们在我完成博士毕业论文和学业课程上,给予了非常大的帮助和鼓励。最后,我还要特别感谢当代经济学基金会以及上海三联书店的各位老师对本书出版给予的大力支持,如果没有他们的帮助和支持,这本书难以出版呈现在读者眼前。此外,我还想要感谢我的家人对我学业的支持和鼓励。由于时间仓促,本书难免存在一些错误和不足之处,恳请各位读者多提宝贵意见。

第一章　绪论

第一节　研究背景和研究问题

20世纪60年代,以舒尔茨(Schultz)、贝克尔(Becker)和明瑟(Mincer)为代表的学者开创了人力资本理论。该理论的核心思想是,人们可以通过教育、培训等方式提高劳动者的生产能力,继而提高未来的收入水平。随后,一系列文献以受教育年限的多少衡量人力资本的高低,讨论并实证检验人力资本高低的社会经济后果。结果发现:人力资本不仅影响着个人的收入和幸福感(Mincer,1974;Haveman and Wolfe,1984),也关系着一国的劳动力素质和经济发展水平(Fleisher et al.,2010)。

尽管直接以受教育年限衡量人力资本,能便于我们理解提高人力资本的重要性。然而,近些年,越来越多的经验研究发现,直接使用受教育年限衡量人力资本,会在一定程度上忽略人力资本的形成过程。譬如,不少文献研究发现,在传统的人力资本理论中,被视为先天给定的能力,会显著影响个体的受教育年限、工资水平和其他社会经济行为(Murnane et al.,1995)。因此,若仅考虑教育而忽略能力,在估计人力资本效果时,其估计结果可能是有偏的(李晓曼和曾湘泉,2012)。

鉴于此,部分学者试图构建一个基于多维能力的新人力资本理论框架(Hanushek,2010;李晓曼和曾湘泉,2012)。在新人力资本理论框架内,人力资本包括能力和教育等要素。其中,能力(认知能力和非认知能力)是核心,而教育等要素则被视为个体基于自身能力和外部环境选择的结果。在定义个体能力的变量上,起初,学者们仅将个体的能力视为单一的IQ、数学成绩等认知能力。然而,这一做法在分析明瑟(Mincer)收入方程等研究时,却面临着挑战:即便在控制了受教育年限、认知能力指标以及家庭背景等因素之后,仍有超过一半的收入差异未能被解释(Zimmerman,1992)。随后,学者们开始关注个体的非认知能力作用,并研究发现:非认知能力对个体的教育、收入、工作表现和社会行为等方面均有显著的正向影响,而且其作用甚至超过了认知能力的影响(Bowles and Osborne,2001;Heckman and Rubinstein,2001;Heckman et al.,2006;Boyce and Wood,2011;Brown and Taylor,2014;Heckman,2011;王春超和张承莎,2019)。鲍尔斯和奥斯本(Bowles and Osborne,2001)通过总结1960—1990年发表的一系列文献后,发现个体在学校培养的能力,在未来的劳动力市场上获得认可或回报,其中有高达80%是来自非认知能力。赫克曼和鲁宾斯坦(Heckman and Rubinstein,2001)以美国普通教育发展证书(The General Educational Development,GED)为例,研究发现:在控制了受教育程度和测试分数等认知能力衡量指标之后,相比于高中辍学的个体,那些通过美国普通教育水平的个体,其收入反而表现得更低。究其原因,分析发现获得普通教育发展证书的个体,其非认知能力相对较低。

一般而言,认知能力指的是推理、理解和记忆等方面的能力。学者们常使用IQ测试、数学成绩等指标衡量个体的认知能力(Heckman and Kautz,2014)。而非认知能力则主要是相对于认知能力而言,其涵盖了不包括个体认知能力的其他特质或能力。在衡量个体非认知能力高低上,戈德伯格(Goldberg,1990,1992)提出的"大五人格测试"(Big Five Measures)被心理学和经济学等领域的学者广泛采用(王春超和钟锦鹏,2018)。具体而言,"大五人格测试"指的是通过自评或他评的问卷对个体的人际交往能力等特征进行量化。具体量化维度主要包括以下五个方面:其一,亲和性(Agreeableness),以待人时的亲切、谦虚和友好程度等特征衡量;其二,责任感(Conscientiousness),以办事责任心、组织能力水平等特征衡量;其三,外向性(Extraversion),以对待生活态度(积极乐观)等特征衡量;其四,开放度(Openness to Experience),以个体自身的想象力、好奇心和创造力等特征衡量；最后是神经质（Neuroticism）或情绪稳定性（Emotional Stability），以个体自身的愤怒、焦虑和抑郁等情绪调节能力特征衡量。

本书关注影响个体人力资本高低的因素。目前，学者们主要从家庭和学校两个层面，剖析影响个体人力资本形成的因素。其中，在学校层面，现有不少文献从教师、同伴特征等视角，探讨影响个体在校期间人力资本形成的因素（Antecol et al.，2015；Lu and Anderson，2015；Gong et al.，2017；王春超和钟锦鹏，2018）。然而，考虑到个体生命早期的能力开发和形成，更多地取决于家庭因素的影响。更多文献基于家庭层面视角，探讨家庭的资源分配决策如何影响个体的人力资本形成（Zick et al.，2001；Rosenzweig and Zhang，2009；Qian，2009；Cunha et al.，2010；Gniewosz and Noack，2011；Fiorini and Keane，2014；Francesconi and Heckman，2016）。

本书主要围绕"家庭资源分配决策影响个体人力资本形成"这一主题展开研究。现实中，关于家庭的资源分配决策对个体人力资本形成（包括：教育、认知能力和非认知能力等方面）的影响，常由两个步骤构成：首先，父母在休闲和工作间分配时间，将赚取到的工资收入，分配至子女的人力资本投资、商品消费和储蓄；然后，再将金钱投资至子女的人力资本资源，在子女（或小孩数量和质量）间进行分配，进而影响个体的人力资本。一个比较有趣的现象是，由于儿子和女儿带给父母的效用并不总是相同的，父母在儿子和女儿间的资源分配可能会产生"性别偏好"现象。譬如，在中国，受传统的宗族观念影响，男性背负着"传宗接代"的重任（张川川和马光荣，2017）。当社会保障不完善时，男性可以为父母提供更好的养老保障（Ebenstein and Leung，2010），因此，父母在分配教育资源时可能会存在"重男轻女"倾向，继而影响男女的教育获得概率。

关于家庭的资源分配决策对个体人力资本形成的影响，既有文献主要从以下两个方面展开研究：一方面，从家庭（教育需求方）的特征变动入手，分析收入、生育成本和"重男轻女"观念等特征变动如何影响父母的资源分配决策，进而影响个体的人力资本（Rosenzweig and Zhang，2009；Qian，2009；Liu，2014；赵颖，2016；Francesconi and Heckman，2016；秦雪征等，2017）。绝大多数学者研究发现，家庭收入、生育成本和"重男轻女"观念因素会影响父母的资源分配决策，进而影响个体的人力资本。

另一方面，关注在家庭资源分配决策影响个体人力资本之后，个体人力资本可能产生的外部性影响[①]。由于个体受教育年限和能力的外部性影响涉及不同区位空间，学者们主要从以下两个视角讨论个体人力资本的外部性影响。一是在某一地理区域内，如城市、县区或州，以受教育年限作为人力资本的衡量指标，讨论人力资本的外部性影响是否存在（Rauch，1993；Acemoglu and Angrist，2001；Moretti，2004；Lange and Topel，2006；Ciccone and Peri，2006；Chen et al.，2018）。在实证识别上，学者们研究同一区域内其他个体的受教育年限对个体受教育年限等方面的影响情况。譬如，陈祎等人（Chen et al.，2018）利用中国1962—1979年间的"上山下乡"运动作为一项准自然实验，研究发现：受教育程度较高的下乡"知青"不仅能显著提高农村儿童的受教育年限，而且改善了他们对教育的态度。二是在班级或宿舍层面，讨论学生学业成绩等认知能力是否存在外部性影响（Hoxby，2000；Ammermueller and Pischke，2006；Ding and Lehrer，2007；Lavy et al.，2009；梁耀明和何勤英，2017）。在实证识别上，学者们常检验同一班级或宿舍内其他学生的学业成绩对个体学业成绩等方面的影响（文献中，也常将其称为"同伴效应"[②]）。譬如，梁

---

① 阿西莫格鲁（Acemoglu，2011）指出，在劳动力市场中，常见的外部性现象有两种：一是由于生产、匹配等市场行为而造成的外部性；二是在学校内同伴间的非市场行为互动而造成的外部性。尽管理解和估计这两种外部性影响具有重要的现实意义和学术价值，然而，要识别这两种外部性的影响并不是一件容易的事。资料来源：economics.mit.edu/faculty/Acemoglu/courses.

② 根据《教育经济学手册》第三卷第四章（*Handbook of the Economics of Education*，Volume 3，Chapter 4），"同伴效应"指的是同伴的背景、当前的行为或者产出对个体产出的任何外部性影响（Sacerdote，2011）。此处，将"同伴效应"限制至外部性，以排除因价格变动而导致的其他效应。

耀明和何勤英(2017)利用中国某高校的新生随机分配宿舍作为一项准自然实验,研究发现:宿舍内学生的考试成绩存在显著的外部性影响。

在梳理和总结既有文献的基础上,本书拟围绕"家庭资源分配决策影响个体的人力资本形成"这一主题,对以下三个问题开展研究工作:首先,不同于既有文献常从教育需求方的特征变动入手,分析当存在"重男轻女"观念时,收入、兄弟姐妹数量等特征变动如何影响家庭的资源分配决策,继而影响个体的教育获得(李宏彬和张俊森,2008;Lei et al.,2017;钟粤俊和董志强,2018)。本书以教育供给方的特征变动为切入点,研究当存在"重男轻女"观念时,教育供给增加如何影响父母在儿子和女儿间的教育资源分配决策,进而影响男女教育获得的差距。

其次,在贝克尔和刘易斯(Becker and Lewis,1973)的 Q-Q 理论基础上,讨论家庭资源分配决策影响个体人力资本,可能产生的外部性影响。主要原因是:Q-Q 理论是劳动经济学家长期关注的一个重要命题(Becker and Lewis,1973;Becker and Tomes,1976;Rosenzweig and Wolpin;1982;Li et al.,2008;Qian,2009;Angrist et al.,2010;Qin et al.,2017)。既有的 Q-Q 理论文献聚焦于讨论家庭内部父母在小孩数量和质量间权衡的经济决策,而忽略了父母这一经济决策可能产生的外部性影响。本书拟填补这一文献空白。具体而言,利用中国 1979 年"一孩政策"作为一个外生冲击,研究家庭内部小孩数量与质量(能力)间的权衡经济决策所引致的外部性如何影响个体的教育获得。

最后,不同于既有文献常讨论个体受教育年限和认知能力的外部性影响,本书以非认知能力(以情绪等指标衡量)为例,基于"班级"社交网络视角,讨论个体人力资本产生的外部性影响。越来越多的学者研究发现,非认知能力对个体的教育和收入等方面均有显著的正向影响,而且这一积极作用甚至超过了认知能力的影响(Bowles and Osborne,2001;Heckman and Rubinstein,2001;Heckman et al.,2006;Heckman,2011)。因此,同受教育年限和认知能力一样,讨论和实证检验个体非认知能力是否存在外部性影响,具有重要的现实意义和政策启示意义。考虑到非认知能力的覆盖范围广,若以一综合指标探讨学生非认知能力的外部性影响,可能会面临影响机制不便讨论清晰、衡量指标易出现重叠等问题。本书结合我国近年来频发的群体性负向情绪传染现象(譬如,"富士康十连跳事件"①)的现实背景,以负向情绪为例,基于"班级"社交网络视角,探讨班级内学生的非认知能力是否存在外部性影响。学校或班主任在进行分班或调整座位决策时,一般以学生的学业成绩,而不以负向情绪作为参考标准。本书通过实证识别班级内其他学生负向情绪是否会显著影响个体的负向情绪,以检验班级内学生负向情绪的外部性影响是否显著存在。

第二节　逻辑线索与本书创新

梳理上述的研究背景和研究问题,关于"家庭资源分配决策影响个体人力资本形成(教育和能力)"这一主题,本书三个研究问题的逻辑线索如图1-1所示。

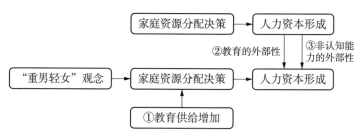

图1-1　本书研究问题的逻辑线索

其中,第一个问题是,以教育供给方的特征变动为切入点,讨论家庭内的资源分配决策如何影响个体的人力资本(教育);第二个问题是,在贝克尔和刘易

---

① CCTV《经济半小时》,"富士康十连跳之谜"。资料来源:http://finance.sina.com.cn/g/20100524/02167988052.shtml。

斯（Becker and Lewis，1973）的 Q‑Q 理论基础上，讨论家庭资源分配决策影响个体人力资本（教育）可能产生的外部性影响；第三个问题是，基于"班级"社交网络视角，讨论个体人力资本（非认知能力）可能产生的外部性影响。本书研究的发现和边际贡献，介绍如下：

首先，第一个问题研究当存在"重男轻女"观念时，教育供给增加如何影响父母在儿子和女儿间的教育资源分配决策，进而影响男女教育获得的差距。以中国 1999 年"高校扩招"政策作为一项准自然实验，研究发现："高校扩招"会显著扩大"有异性同胞"男女高中教育获得的差距。即便进行了平行趋势假设检验、校正"高校扩招"前后可能存在的样本选择问题、考虑同期政策的干扰，以及进行一系列稳健性检验和安慰剂检验之后，结论不变。结合理论模型和其他实证结果：女性的初中学业成绩优于男性，以及"高校扩招"后"有异性同胞"女性个体获得高中教育比例呈上升趋势，进一步发现父母的"重男轻女"观念是导致"高校扩招"显著扩大"有异性同胞"男女高中教育获得差距的重要原因。最后，为了提供相关证据，进一步以各户口城市相应出生年份的男女性别比作为其"重男轻女"观念的衡量指标，将所有户口城市划分为两组："重男轻女"观念较强（如果男女性别比大于 1.07）的户口城市和"重男轻女"观念较弱（如果男女性别比不大于 1.07）的户口城市，分样本回归发现："高校扩招"扩大"有异性同胞"男女高中教育获得差距的结果仅在"重男轻女"观念较强的户口城市中显著存在，而在"重男轻女"观念较弱的户口城市则呈不显著的影响。

这一章节的边际贡献有以下两点：一是丰富了教育扩招影响男女教育获得差距的文献。既有文献常利用发达国家数据，在男女教育机会平等的背景下，研究发现教育扩张能显著降低男女教育不平等[①]（Rizzica，2013；OECD，2015；Miriam，2015）。然而，这一结论未必适用于有"重男轻女"观念的国家，

①　究其原因，在男女教育机会平等的背景下，由于女性的学业表现优于男性（Buchmann et al.，2008；Cornwell et al.，2013；Legewie and DiPrete，2012），更多女性个体获得教育扩招新增加的教育资源。

譬如中国。因为当存在"重男轻女"观念时,父母在子女间的教育资源分配决策,不仅受男女性个体的能力相对大小影响,还取决于父母的"性别偏好"。现有文献利用中国家庭追踪调查数据,研究发现:在中国,"有兄弟"会显著降低女性的受教育程度(郑筱婷和陆小慧,2017),相反,有更多姐妹能显著提高男性的受教育程度(Lei et al.,2017)。鉴于此,本书关注当存在"重男轻女"观念时,教育扩招会如何影响父母在儿子和女儿间的教育资源分配决策,进而影响男女教育获得的差距。本书研究为这一支文献作了有益的补充。二是"高校扩招"影响男女高中教育获得差距的文献。杨伟俊(Yeung,2013)、张兆曙和陈奇(Zhang and Chen,2014)利用中国社会综合调查数据,研究发现:女性能从"高校扩招"中获得更多的高等教育资源。不过,他们并没有关注"高校扩招"对男女高中教育获得的影响[①]。由于中国的义务教育止于初中阶段,高中教育是研究中国教育不平等的始点。此外,大学至高中的"涓滴效应"(The Trickle-down Effect)会从"高校扩招"政策中产生,若不考虑"高校扩招"是否影响个体"初中升高中"教育决策,而直接实证识别"高校扩招"影响个体"高中升大学"的教育决策,其估计结果可能是有偏的,甚至会出现错误的结论。本研究对这一支文献作了有益的拓展。

接着,关于第二个问题。考虑到既有的 Q-Q 理论文献聚焦于分析父母如何在小孩数量和质量间的权衡经济决策(Becker and Lewis,1973;Rosenzweig and Wolpin,1980),而忽略了父母这一经济决策可能产生的外部性影响。本书在既有的 Q-Q 理论文献基础上,利用中国1979年"一孩政策"作为一个外生冲击,研究家庭内部父母在小孩数量与质量(能力)间的权衡经济决策所引致的外部性如何影响个体的高中教育获得概率。正如构建的扩展模型所预测的,传统的 Q-Q 理论(Becker and Lewis,1973)只关注家庭内部的经济决策,然而,整

[①] 邢春冰(2013)、都阳和杨翠芬(2014)、陆铭和张翁(Lu and Zhang,2018)研究了"高校扩招"对个体高中教育获得概率的影响。不过,他们的关注点是城乡间的教育不平等。

个社会所有家庭的集体决策则可能会通过外部小孩数量和外部小孩质量(能力)渠道对个体的教育获得产生反馈效应,继而影响总教育产出。因此,若忽略外部性影响,而研究父母生育成本变动会如何影响个体教育人力资本的估计结果可能是有偏的,甚至会出现错误的结论。本研究对既有的 Q–Q 理论文献作了有益的拓展。

具体而言,首先通过构建一个理论模型,分析发现:父母生育成本上升会降低生育小孩的数量,但对小孩质量(能力)的影响取决于"价格效应"和"分配收入效应"的相对大小。进一步,在同质性家庭假设下,分析发现:若不考虑外部性影响,父母生育成本上升对个体教育获得的影响主要取决于"个体质量"渠道。但是,当考虑外部性影响时,父母生育成本上升对个体教育获得的影响则主要取决于"外部数量"渠道,且其影响方向为正。实证上,使用 2000 年和 2005 年人口普查数据,发现实证结果与理论模型的预期结论相一致:父母生育成本上升会显著提高个体获得高中教育的概率,且这一正向影响可由"外部数量"渠道解释。即便利用工具变量法校正可能存在的内生性偏误,以及进行一系列稳健性检验和安慰剂检验之后,结论不变。

最后,关于第三个问题。不同于既有文献常讨论受教育年限和学业成绩等认知能力,本书关注个体的非认知能力(以情绪等指标衡量)是否存在外部性影响。考虑到情绪特征是衡量个体非认知能力高低的一个重要指标,以负向情绪为例,基于"班级"社交网络视角,分析班级内学生个体的非认知能力是否产生外部性影响。利用 2013—2014 学年中国教育追踪调查数据,研究发现:班级内他人负向情绪的上升会显著提高个体的负向情绪。这表明班级内学生的负向情绪存在显著的外部性影响。即便考虑了情境效应和关联效应,以及使用工具变量法校正可能存在的内生性偏误,这一结论仍稳健成立。进一步分样本回归发现,班级内学生负向情绪的外部性影响对社交频繁度高的学生和女性学生的影响更为明显。

本章可能存在的边际贡献有以下两点:一是丰富了人力资本的外部性影

响研究。既有文献主要分析个体受教育年限、认知能力是否存在外部性影响（Ciccone and Peri，2006；Lavy et al.，2009；梁耀明和何勤英，2017；Chen et al.，2018），而鲜少关注个体的非认知能力。本书对这一支文献作了有益的补充。二是丰富了情绪的传染性文献。已有的情绪传染性实证文献常将个体的社交网络划定为农村村委会（Knight and Gunatilaka，2016）、城市社区（刘斌等，2012）或者"与受访者处于同一地点同一行业的其他被调查者"（Tuman and Zeydanli，2015），并讨论正向情绪是否会传染。然而，鲜少文献关注负向情绪的传染性。尽管负向情绪和正向情绪的传导机制类似，但在传染过程中，两者对观察者的影响程度可能存在差异。大量心理学和认知神经科学研究表明，情绪负性偏向现象广泛存在，即相对于正向情绪，负向情绪刺激在心理加工上占据优势地位，对观察者的情绪影响更大（Huang and Luo，2006，2007）。此外，将社交网络划定为农村村委会、城市社区和"与受访者处于同一地点同一行业的其他被调查者"的做法，可能会面临着较严重的测量误差问题。本书使用班级层面的学生样本数据，可以较好弥补现有情绪传染文献的不足。因为在同一个班级内，学生们"抬头不见低头见"，其社交网络较为密切，这为研究负向情绪的传染性问题提供了一个恰到好处的区位空间。

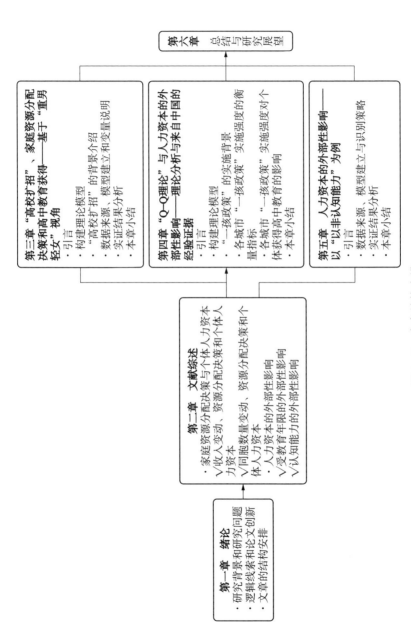

图 1-2　本书结构安排

第六章　总结与研究展望

第三章　"高校扩招"、家庭资源分配决策和高中教育获得——基于"重男轻女"视角
- 引言
- 构建理论模型
- "高校扩招"的背景介绍
- 数据来源、模型建立和变量说明
- 实证结果分析
- 本章小结

第四章　"Q-Q理论"与人力资本的外部性影响——理论分析与来自中国的经验证据
- 引言
- 构建理论模型
- "一孩政策"的实施背景
- 各城市"一孩政策"实施强度的衡量指标
- 各城市"一孩政策"实施强度对个体高中教育获得的影响
- 本章小结

第五章　人力资本的外部性影响——以"非认知能力"为例
- 引言
- 数据来源、模型建立与识别策略
- 实证结果分析
- 本章小结

第二章　文献综述
- 家庭资源分配决策与个体人力资本
- √收入变动、资源分配决策对个体人力资本
- √同胞数量变动、资源分配决策对个体人力资本
- 人力资本的外部性影响
- √受教育年限的外部性影响
- √认知能力的外部性影响

第一章　绪论
- 研究背景和研究问题
- 逻辑线索和论文创新
- 文章的结构安排

第二章　文献综述

关于家庭资源分配决策与个体人力资本形成的文献庞大而繁杂,本章结合本书的研究问题,对其进行梳理和总结。首先,梳理既有文献如何基于教育需求方(家庭)的特征变动视角,对家庭资源分配决策如何影响个体的人力资本形成展开研究(Becker and Lewis,1973；Rosenzweig and Wolpin,1982；Qian,2009；Coelli,2011；Hilger,2016;赵颖,2016；Li and Zhang,2017)。其次,梳理既有文献如何从受教育年限和认知能力视角,对人力资本的外部性影响展开研究(Hoxby,2000；Hanushek,2003；Ding and Lehrer,2007；Lavy et al.,2009；Brunello et al.,2009；Sacerdote,2011)。最后,分别对这两支文献进行总结和评述。

第一节　家庭资源分配决策与个体人力资本

既有文献常从教育需求方的特征变动入手,分析收入和同胞数量变动如何影响父母在子女间的资源分配决策,继而影响子女的人力资本(Becker and Lewis,1973；Rosenzweig and Wolpin,1982；Qian,2009；Coelli,2011；Hilger,2016;赵颖,2016；Li and Zhang,2017)。结合本书的研究问题(第三章和第四章关注家庭资源分配决策对个体教育获得的影响),本节以教育人力资本为对象,从以下两方面对这一支文献进行梳理和总结:一是梳理收入变动如何影响父母的资源分配决策,继而影响个体教育获得的相关文献;二是梳理同胞数量变动如何影响父母的资源分配决策,继而影响个体教育获得的相关文献。

一、收入变动、资源分配决策和个体人力资本

既有经济学文献主要从以下两方面,分析收入变动如何通过父母在子女间的资源分配决策,进而影响个体的教育获得。一是家庭收入变动。学者们常利用父母"失业"作为家庭收入变动的外生冲击,以此识别家庭收入变动与父母在子女间的教育资源分配(个体教育获得)两者间的因果关系(都阳和 Giles,2006;Coelli,2011;Hilger,2016;赵颖,2016)。譬如,都阳和贾尔斯(Giles,2006)利用中国城市住户调查数据,研究发现:父亲失去工作会使得子女入读大学的概率显著降低 30%;科埃利(Coelli,2011)利用 1993—2007 年加拿大个体数据,研究发现:父母"失业"会使得 16~20 岁子女入读大学的概率显著降低0.1%;希尔格(Hilger,2014)利用 2000—2009 年美国个体数据,研究发现父亲"失业"会使得 18~22 岁个体入读大学的概率显著降低 1%;赵颖(2016)利用中国健康与营养调查数据,通过构建既定年龄段个体的实际受教育年限和获得最高学历变量,研究发现因国企改革而下岗的职工,其子女教育水平降低 4.3%~6.9%,进一步发现,父母下岗对子女教育的负向影响,主要表现为接受教育的推迟而非终止。

二是子女预期收入的变动。钱楠筠(Qian,2008)研究发现:当父母预期女性未来收入上升时,其会增加对女孩的教育投入;类似地,当预期男性未来收入上升时,其会增加对男孩的教育投入。不过,受"重男轻女"观念影响,男女预期收入的上升对异性同胞的教育投入影响不同。具体为:当预期女性未来收入上升,父母会同时增加对男孩的教育投入;甚至相比于女孩,对男孩的教育投入会更多;相反,当预期男性未来收入上升,父母会减少对女孩的教育投入。阿什拉夫等人(Ashraf et al.,2016)利用印度尼西亚和赞比亚的学校扩建项目,结合不同地区支付彩礼的习俗,研究女孩接受教育的预期收益变动对父母投资女孩教育的影响,实证发现:对于那些受教育程度越高的女性,其父母未来收到彩礼越多的地区,学校扩建越能有效地增加女孩的受教育程度。相反,对于那些没有彩礼习俗的地区,学校扩建对女孩的受教育程度没有显著的影响。

二、同胞数量变动、资源分配决策和个体人力资本

20 世纪 50 年代,阿纳斯塔西(Anastasi,1956)提出"同胞资源稀释假说"(Siblings Resources-Dilution Hypothesis),具体指:在家庭预算约束下,兄弟姐妹数量的增加会减少父母给予每个小孩的资源。贝克尔和刘易斯(Becker and Lewis,1973)首次构建一个经济理论模型,分析父母如何在小孩数量和质量间分配资源。随后,学者们从理论和实证两方面对贝克尔和刘易斯(Becker and Lewis,1973)的 Q‑Q 理论进行拓展和验证。其中,贝克尔和托姆斯(Becker and Tomes,1976)基于小孩禀赋视角,拓展 Q‑Q 理论;罗森茨威格和沃尔平(Rosenzweig and Wolpin,1982)基于生育成本变动视角,拓展 Q‑Q 理论。实证上,学者们常以个体的受教育程度作为小孩质量的衡量指标,并利用一些影响父母生育成本的外生事件或政策,实证检验小孩数量和质量的关系。例如,是否生育双胞胎(Rosenzweig and Wolpin,1982;Li et al.,2008;Angrist et al.,2010;Glick et al.,2010),或是否面临限制生育政策(Qian,2009;Cameron et al.,2013;Qin et al.,2017;Li and Zhang,2017)。绝大部分学者实证研究发现:同胞数量和个体的受教育程度存在显著的负向因果关系。这表明,兄弟姐妹数量越多,父母分配给每个小孩的教育资源越少,从而使小孩的受教育程度越低(Rosenzweig and Wolpin,1982;Stafford,1987;Hanushek,1992;Cáceres-Delpiano,2006;Lee,2008;Li et al.,2008;Rosenzweig and Zhang,2009;Glick et al.,2010;Millimet and Wang,2011;Li and Zhang,2017)。

其中,罗森茨威格和沃尔平(Rosenzweig and Wolpin,1982)利用印度双胞胎数据,研究发现:个体意外多拥有一个同胞会显著降低其受教育程度;李宏彬等(Li et al.,2008)利用中国人口普查数据,研究发现:家庭规模的增加会显著降低小孩的受教育程度。即便在控制小孩的出生顺序效应,以及使用双胞胎作为家庭规模外生冲击的情况下,这一结论仍稳健成立。不仅如此,这一负向作用在农村地区更为明显;罗森茨威格和张俊森(Rosenzweig and Zhang,

2009)利用中国双胞胎数据,并结合"一孩政策"的实施,研究发现:意外多拥有一个兄弟姐妹会显著降低个体的学业成绩、受教育年限和入读大学的概率;格利克等人(Glick et al.,2010)利用罗马尼亚双胞胎数据,实证发现:个体多拥有一个兄弟姐妹会显著降低父母对其健康和教育人力资本投资,并且对晚出生个体的负向影响更大;李冰靖和张宏亮(Li and Zhang,2017)利用中国不同地区"一孩政策"执行力度的差异,实证发现:"一孩政策"实施强度会通过减少个体同胞数量,提高个体的受教育程度。秦雪征等人(Qin et al.,2017)利用中国人口普查数据,使用断点回归方法和双重差分法,研究发现:因计划生育政策导致的人口数量减少,显著提高了个体的受教育程度。

少数学者实证发现个体同胞数量与其受教育程度不存在显著的关系(Black et al.,2005;Angrist et al.,2010;Liu,2014;Fitzsimons and Malde,2014),或者两者存在正向关系(Qian,2009;Lordan and Frijters,2013)。其中,布莱克等人(Black et al.,2005)利用挪威个体数据,研究发现:同胞数量会显著降低个体的受教育程度。不过,当考虑个体的出生顺序,或使用个体是否拥有双胞胎作为同胞数量的工具变量时,实证发现:同胞数量对个体的受教育程度呈不显著的影响。钱楠筠(Qian,2009)利用中国健康与营养调查数据,研究发现:1.5孩政策(若第一胎为女孩,可再生育一个)显著提高了农村地区的家庭规模和第一个小孩入读小学的概率。

贝克尔和刘易斯(Becker and Lewis,1973)提出的Q-Q理论,假设父母对子女是一视同仁的,即父母对子女的教育投入并不存在"性别偏好"。然而,现实中,儿子和女儿为父母带来的效用并不总是相同的,这导致父母在子女的生育选择和教育资源分配上可能存在着"性别偏好"现象。在东南亚国家,例如中国,受传统的宗族观念影响,男性背负着传宗接代的重任;而在传统的农业生产活动中,相比于女性,男性更占优势。当社会保障不完善时,父母主要依靠养儿防老。这意味着,即便同胞的数量相同,同胞的性别结构仍会影响父母在儿子和女儿间的教育资源分配决策,进而影响男女的教育获得(李宏彬和张俊森,

2008;郑磊,2013;郑筱婷和陆小慧,2017;Lei et al.,2017;钟粤俊和董志强,2018)。

其中,李宏彬和张俊森(2008)指出,同胞中有(更多)兄弟会降低个体的受教育程度;相反,同胞中有(更多)姐妹能提高个体的受教育程度;郑磊(2013)利用中国社会综合调查数据,研究发现:拥有兄弟会显著降低个体的受教育程度;相反,同胞中女性比例越高,个体的受教育程度越高。郑筱婷和陆小慧(2017)利用中国家庭追踪调查数据,实证发现:"有兄弟"会显著降低女性的教育获得,且这一负向影响在农村地区更为明显。雷晓燕等人(Lei et al.,2017)同样利用中国家庭追踪调查数据,研究发现:同胞中女性比例的增加会显著提高男性的受教育程度,但会降低女性的受教育程度;不仅如此,这一现象在农村户口群体中表现得更为明显。钟粤俊和董志强(2018)利用中国多个微观数据,研究发现:兄弟姐妹数量的增加会显著降低个体的受教育程度。不仅如此,这一负向关系在女性个体中表现得更为明显。究其原因,进一步发现中国家庭的男性偏好传统观念和劳动力市场上的性别歧视,是导致同胞数量对女性的教育挤占效应更为明显的原因。

与之不同,有少数学者利用发达国家数据,研究发现:同胞性别结构效应在发达国家并不明显(Hauser and Kuo,1998;Bauer and Gang,2001)。譬如,豪瑟和郭香惠(Hauser and Kuo,1998)利用美国动态收入追踪调查数据(the Panel Study of Income Dynamics)、1989 年 11 月美国当前人口调查数据(the November 1989 Current Population Survey)和全国女性纵向调查数据(the National Longitudinal Study of Women),研究发现:同胞中女性比例的提高并不会显著影响女性的受教育水平。

三、小结

既有经济学文献常从家庭(教育需求方)的特征变动入手,研究收入和同胞数量变动如何影响父母的资源分配决策,进而影响个体的教育人力资本。绝大多数学者研究发现:(1)家庭收入变动和子女预期收入的变化会显著影响父母对子女的资源分配决策,进而影响个体的教育获得;(2)在发展中国家,"数量与质量"权衡现象显著存在,兄弟姐妹数量的增加会显著降低个体的受教育程度,并且对女性个体的负向影响更为明显。

在此基础上,本书拟对这一支文献做以下两方面的拓展工作:一方面,不同于既有文献常从教育需求方的特征变动入手,分析收入、兄弟姐妹数量等特征变动如何影响父母的资源分配决策,进而影响个体的教育人力资本形成,本书以教育供给方的特征变动为切入点,研究当存在"重男轻女"观念时,教育供给增加如何影响父母在儿子与女儿间的教育资源分配决策,进而影响男女教育获得的差距;另一方面,既有 Q - Q 理论文献常聚焦于讨论父母如何在小孩数量和质量间分配资源,然而,其忽略了"父母的资源分配决策"可能产生的外部性影响。鉴于此,本书将外部性因素植入贝克尔和刘易斯(Becker and Lewis,1973)的 Q - Q 理论中,并利用中国 1979 年"一孩政策"作为一个外生冲击,实证研究家庭内部小孩数量与质量的权衡经济决策所引致的外部性,会如何影响个体的教育获得。

第二节　人力资本的外部性影响

对于教育政策制定者,理解人力资本是否存在外部性影响具有重要的现实意义和政策启示意义(Acemoglu and Angrist,2001;Ciccone and Peri,2006;Chen et al.,2018)。在新人力资本框架内,人力资本包括能力和教育等要素,其中,能力(认知能力和非认知能力)是核心,而教育则被视为个体基于自身能力和外部环境选择的结果。因此,本章从受教育年限和能力两方面,梳理既有文献如何对人力资本的外部性影响展开研究。首先,介绍既有文献如何在城市、县区或州等地理区域内,对个体受教育年限的外部性影响展开研究;其次,考虑到既有文献主要关注个体认知能力的外部性影响,本章介绍既有文献如何在班级或宿舍层面,分析学生学业成绩等认知能力的外部性影响。最后,对这一支文献进行总结和评述。

一、受教育年限的外部性影响

不少文献直接以受教育年限作为人力资本的衡量指标，实证识别在同一地理区域内，个体的人力资本是否存在外部性影响（Rauch，1993；Acemoglu and Angrist，2001；Moretti，2004；Lange and Topel，2006；Ciccone and Peri，2006；Chen et al.，2018）。然而，正如陈祎等人（Chen et al.，2018）提及的，由于面临自选择、局部均衡无法满足以及教育需求曲线倾斜向下三方面的挑战，识别个体受教育年限是否存在外部性影响，是一件比较困难的事。

其中，劳克（Rauch，1993）首次关注人力资本的外部性影响，其使用一项美国数据，通过利用明瑟（Mincer）收入方程，研究发现：在控制个体自身受教育年限之后，同一城市的平均受教育年限能显著提高个体的收入水平。然而，该实证结果因面临"自选择"等内生性问题，导致估计结果可能捕捉的不是外部性影响。随后，部分学者利用各地区义务教育法的颁布时间差异（Acemoglu and Angrist，2001），或城市人口结构的滞后项（Moretti，2004）作为工具变量，试图缓解可能存在的内生性偏误问题。然而，由于区域间的人口流动使得局部均衡假设无法满足，进而导致选取的工具变量（各地区义务教育法的颁布时间差异和城市人口结构的滞后项）可能无法满足排他性。其中，阿西莫格鲁和安格里斯特（Acemoglu and Angrist，2001）使用美国人口普查数据，利用义务教育法在不同州的实施时间点不同，研究发现：以受教育年限衡量的人力资本存在显著的外部性影响。然而，奇科内和佩里（Ciccone and Peri，2006）利用1970—1990年美国各州的数据，实证发现：当考虑教育需求曲线斜率下降的情况时，个体受教育年限的外部性则表现为不显著影响。陈祎等人（Chen et al.，2018）利用中国1962—1979年间的"上山下乡"运动作为一项准自然实验，结合当时的户籍制度背景，通过使用超过3 000个县区的样本数据，基于各县区接收知青数量不同以及不同出生队列受知青影响不同的视角，研究发现：受教育年限较高的下乡"知青"不仅能显著提高农村儿童的受教育年限，而且改善了他们对教育的态度。

二、认知能力的外部性影响

学者们主要在班级或宿舍层面,实证识别个体学业成绩等认知能力是否存在外部性影响,这一效应在教育经济学中,也常被称为"同伴效应"(Peer Effect)。在《教育经济学手册》第三卷第四章中,萨切尔多特(Sacerdote,2011)为"同伴效应"给出了一个较为广义的定义:同伴的背景、当前行为或产出影响个体产出的任何外部性影响,都可称为"同伴效应"[①]。考虑到既有文献在研究班级或宿舍内,同伴的学业成绩等认知能力对个体学业成绩的影响时,常以"同伴效应"一词表示,为与其保持一致,本章在介绍既有文献如何对"个体认知能力是否存在外部性影响"展开研究时,仍以"同伴效应"词语表示。

既有文献主要在班级或宿舍层面,以学业成绩为例,探讨学生认知能力的"同伴效应"。其中,在班级层面,学者们主要关注接受基础教育学生的"同伴效应"(Hoxby,2000;Ding and Lehrer,2007);而在宿舍层面,学者们则分析接受高等教育学生的"同伴效应"(Sacerdote,2001;Zimmerman,2003)。此外,对学生认知能力的"同伴效应"研究,多是来自美国等发达国家的经验证据,而来自中国的实证研究则相对较少。

其中,关于来自发达国家的经验证据。大多数文献实证发现,学生间的学业成绩"同伴效应"是显著存在的,具体为:在班级或宿舍内,同伴的学业成绩对本人学业成绩呈显著的正向影响(Arnott and Rowse,1987;Hanushek et al.,2003;Ammermueller and Pischke,2006;Schneeweis and Winter-Ebmer,2007;Burket and Sass,2008;Gibbons and Telhaj,2008;Lavy et al.,2009)。不过,当进一步探讨"同伴效应"对不同学业成绩学生影响时,结论则莫衷一是。一支文献发现"同伴效应"存在异质性的证据:不同学业成绩学生从

[①] 萨切尔多特(Sacerdote,2011)通过将"同伴效应"限制至外部性,以免将因同伴行为特征变动而导致的市场效应包括在内。譬如,某一地区的家庭对私立学校的需求发生变动,导致个体入读私立学校的成本随之变动,这是一种市场效应,而非"同伴效应"。

"同伴效应"中获益不同。汉纳谢克等人（Hanushek et al.，2003）利用美国得克萨斯州的学校项目数据，研究发现：班级内他人的数学成绩能显著提高学生的数学成绩。当进一步进行异质性分析时，发现：学业成绩较好的学生受"同伴效应"的影响较小；相反，学业成绩较差的学生能从"同伴效应"中获益更多。布尔克特和萨斯（Burket and Sass，2008）利用美国佛罗里达州3～10年级公立学校的学生追踪调查数据，研究发现：班级内学生间数学成绩的"同伴效应"显著存在。当进一步进行异质性分析时，研究发现：成绩相对较低的学生能从"同伴效应"中获益最多，成绩中等的学生次之，而成绩相对较高的学生获益最小。拉维等人（Lavy et al.，2009）利用英格兰小学数据，研究发现：所有学生均受到班级成绩最差学生的影响。然而，并非所有学生都受到班级成绩优异学生的影响，仅有女生（尤其是成绩较差的女生）才会受到班级成绩优异同学的正向影响；相反，男生受其他成绩优异同学的影响则是负的。另一支文献则未发现"同伴效应"存在异质性的证据。阿默穆勒和皮施克（Ammermueller and Pischke，2006）利用六个欧洲国家（德国、法国、爱尔兰、荷兰、挪威和瑞典）的四年级学生数据，研究发现：班级内学生间阅读测试成绩的"同伴效应"是显著存在的。即便校正了因"测量误差"可能导致的内生性偏误，结论不变。不过，他们并未发现"同伴效应"存在异质性的证据。

少数文献研究发现，班级内学生间的学业成绩"同伴效应"不明显。莱夫格伦（Lefgren，2004）利用美国芝加哥公立学校三年级和六年级数据，研究发现：尽管学生间的学业表现"同伴效应"为正的显著，但"同伴效应"的估计系数非常小。此外，还有部分文献也关注同伴行为的"同伴效应"，譬如，同伴女生比例、吸烟行为、逃课行为、加入帮会等同伴行为特征，对学生学业成绩的影响（Hoxby，2000；Gaviria and Raphael，2001；Whitmore，2005；Lavy and Schlosser，2007；Sacerdote，2011；Black et al.，2013）。

而关于来自中国的经验证据。现有文献普遍发现中国学生的学业成绩等认知能力存在"同伴效应"的证据（Ding and Lehrer，2007；Carman and

Zhang，2012；袁玉芝，2016；梁耀明和何勤英，2017；袁舟航等，2018）。其中，丁维莉和莱雷尔（Ding and Lehrer，2007）利用中国江苏省学生样本数据，研究发现：班级内同伴的学业成绩会显著提高学生的学业成绩。当进一步进行异质性分析时，发现：相比于学业成绩较低的学生，学业成绩较高的学生能从"同伴效应"中获益更多。卡曼和张蕾（Carman and Zhang，2012）利用中国某一中学7年级和9年级的学生面板数据，研究发现：在数学和"语数外"总成绩上，班级内学生间的"同伴效应"是显著存在的；然而，在语文和英语成绩上，学生间的"同伴效应"则表现为不显著影响。当进一步进行异质性分析时，发现：相比于学业成绩处于两端的学生，学业成绩处于中间的学生能从"同伴效应"中获益更大。袁玉芝（2016）利用中国上海2012年PISA数据，研究发现：班级内同伴的平均成绩对学生的学业成绩呈显著的正向影响。当进一步进行异质性分析时，研究发现：成绩位于分位数底端的学生，受同伴平均成绩的正向影响和成绩标准差的负向影响较大。梁耀明和何勤英（2017）使用中国某一高校本科生数据，利用新生入学时随机分配宿舍这一自然实验，研究发现：宿舍内同伴的考试成绩对学生的考试成绩呈显著的正向关系。袁舟航等（2018）利用安徽省阜阳市、六安市和亳州市30所农村学校的学生样本，采用工具变量法校正可能存在的内生性偏误之后，实证发现：班级内同伴的数学成绩对学生的数学成绩呈显著的正向影响，表明中国农村小学生的学业成绩也存在显著的"同伴效应"。此外，部分学者也关注学生的行为特征，譬如，同伴女生比例、同伴班干部数量等同伴行为特征对学生学业成绩的影响（Lu and Anderson，2015；Gong et al.，2016；王春超和钟锦鹏，2018）。

三、小结

　　既有文献主要从受教育年限、学业成绩等认知能力，对个体人力资本的外部性影响展开研究。其中，关于受教育年限的外部性影响。既有文献在城市、县区或州等地理区域内，围绕个体受教育年限的外部性影响展开实证研究，结论莫衷一是。一支文献研究发现，在同一地理区域内，个体受教育年限的外部性影响显著存在(Acemoglu and Angrist，2001；Chen et al.，2018)；然而，另一支文献则研究发现，个体受教育年限的外部性影响则表现为不显著(Ciccone and Peri，2006)。而关于认知能力的外部性影响，大多数文献从班级或宿舍层面，研究发现学生间学业成绩等认知能力存在显著的"同伴效应"(Hoxby，2000；Hanushek et al.，2003；Ammermueller and Pischke，2006；Ding and Lehrer，2007；Burket and Sass，2008；Lavy et al.，2009；Sacerdote，2011；Carman and Zhang，2012；梁耀明和何勤英，2017)。

然而，既有文献鲜少关注个体非认知能力的外部性影响。目前，越来越多的文献研究发现，非认知能力对个体的受教育程度、工资水平、工作表现等诸多方面均有显著的积极影响。因此，同认知能力一样，探究个体非认知能力是否存在外部性影响，具有重要的现实意义和政策启示意义。由于情绪特征是衡量个体非认知能力的重要指标(Goldberg，1990,1992)，本书结合我国当前频发的群体性负向情绪传染现象的现实背景，以负向情绪为例，基于"班级"社交网络视角，研究班级内学生的非认知能力是否存在显著的外部性影响。探讨这一问题，不仅对理解我国当前发生的群体性负向情绪传染现象有一定的现实意义和启示意义，也对情绪传染性文献和人力资本的外部性影响文献作了有益的补充。

第三章 "高校扩招"、家庭资源分配决策和高中教育获得——基于"重男轻女"视角

第一节 引言

现有不少文献常以教育需求方(家庭)的特征变动为切入点,分析当存在"重男轻女"观念时,收入和兄弟姐妹数量变动如何影响家庭的资源分配决策,继而影响个体的教育人力资本形成(Qian,2009;郑筱婷和陆小慧,2017;Lei et al.,2017;钟粤俊和董志强,2018)。例如,郑筱婷和陆小慧(2017)利用中国家庭追踪调查数据,研究发现:"有兄弟"会显著降低女性个体的受教育程度。雷晓燕等人(Lei et al.,2017)同样利用中国家庭追踪调查数据,研究发现:有更多姐妹能显著提高男性的受教育程度。与之不同,本章试图从教育供给方的特征变动入手,分析当存在"重男轻女"观念时,教育供给增加如何影响父母对儿子和女儿的教育资源分配决策,继而影响男女教育获得的差距。

本章首先构建一个简单的理论模型,分析教育扩招如何影响男女教育获得的差距。直观上,教育扩招可以视为教育供给方(学校)降低男女获得教育的最低能力要求。当父母不存在"重男轻女"观念时,相比于能力较低的男性,能力较高的女性能获得更多的教育资源,从而提高其获得教育的概率,这是一个标准的"比较优势"故事。但是,当父母存在"重男轻女"观念时,以"能力高低"衡量的"比较优势"渠道可能会被父母的"重男轻女"渠道所取代,后者将导致更多的教育资源由女性转移至男性(即便女性的能力高于男性),从而扩大男女教育获得的差距。

实证上,本章利用1999年"高校扩招"政策作为一项准自然实验,使用2005

年1%人口抽样调查数据,研究教育扩招如何影响"有异性同胞"男女教育获得的差距。由于中国的义务教育止于初中阶段,高中教育是研究中国教育不平等的一个始点[1],以及大学到高中的"涓滴效应"会从"高校扩招"政策中产生。与杨伟俊(Yeung,2013)、张兆曙和陈奇(2013)、张兆曙和陈奇(Zhang and Chen,2014)等文献关注"高校扩招"如何影响男女高等教育获得的差距不同,本章研究"高校扩招"如何影响"有异性同胞"男女高中教育获得的差距[2]。

本章的实证发现如下:首先,"高校扩招"使得"有异性同胞"男女高中教育获得差距由1.4%扩大至3.3%。即便在进行了平行趋势假设检验、校正"高校扩招"前后可能存在的样本选择问题、考虑同期政策的干扰(1979年计划生育政策和1978年农村改革),以及一系列稳健性检验和安慰剂检验之后,结论不变。

其次,父母的"重男轻女"观念是导致"高校扩招"扩大"有异性同胞"男女高中教育获得差距的重要原因。利用2013—2014学年中国教育追踪调查数据(Chinese Education Panel Survey,CEPS)和2005年1%人口抽样调查数据,发现女性的初中学业成绩优于男性。如果"高校扩招"有益于那些能力较低的男性(若没有"高校扩招",他们将无法获得教育),那么来自同一家庭,能力较高的女性,在"高校扩招"之后获得的教育资源便会减少,从而使得男女高中教育的差距扩大。若这一渠道成立,"高校扩招"扩大"有异性同胞"男女高中教育差距并不一定需要由父母的"重男轻女"观念所解释。不过,若这一渠道真的成立,则暗示着女性获得高中教育的比例在"高校扩招"之后会下降。但是,这与本章发现的另一实证结果并不相符:在"高校扩招"之后,"有异性同胞"女性获得高中教育比例仍呈上升趋势(增长率为正)。结合理论模型和上述实证结果,发现

---

[1] 由2005年1%人口普查的随机再抽样数据发现,截至2005年,个体入读小学、初中、高中和大学比例分别为99%、91%、43%和16%。

[2] 邢春冰(Xing,2013)、都阳和杨翠芬(2014)、陆铭和张爽(Lu and Zhang,2018)关注了"高校扩招"对个体高中教育获得概率的影响,不过他们的关注点是城乡高中教育的差距。

父母的"重男轻女"观念是导致"高校扩招"扩大"有异性同胞"男女高中教育获得差距的重要原因。

最后,为了提供相关的经验证据,以各户口城市相应出生年份的男女性别比高低作为其"重男轻女"观念强弱的衡量指标,将所有户口城市划分为两组:"重男轻女"观念较强的户口城市和"重男轻女"观念较弱的户口城市,分样本回归发现:"高校扩招"显著扩大"有异性同胞"男女高中教育获得差距的结果仅在"重男轻女"观念较强的户口城市中显著存在,而在"重男轻女"观念较弱的户口城市则呈不显著影响。

本章余下的结构安排如下:第二节为构建一个简单的理论模型,分析教育扩招如何影响父母在儿子和女儿间的教育资源分配决策,进而影响男女教育获得的差距;第三节介绍"高校扩招"政策的实施背景;第四节介绍实证回归的数据来源、构建的计量模型和使用的相关变量;第五节汇报和分析"高校扩招"对"有异性同胞"男女高中教育获得差距的影响,并进行一系列稳健性检验;第六节进一步探讨"高校扩招"为什么会扩大"有异性同胞"男女高中教育获得的差距;最后是本章的小结。

第二节　构建理论模型

本节构建一个简单的理论模型,分析教育扩招如何影响父母在儿子和女儿间的教育资源分配决策,进而影响男女教育获得的差距。在这个模型中,首先关注一个有 n_S 个儿子和 n_D 个女儿的家庭。为简化分析,假设家庭内部同性个体是同质的。父母需要在儿子和女儿间分配教育资源,以使得整个家庭的效用最大化。家庭的效用函数 U^H 表示如下:

$$U^H = \theta \cdot n_S \cdot E[U(C_S)] + (1-\theta) \cdot n_D \cdot E[U(C_D)] \qquad (3-1)$$

其中,$E[U(C_S)]$ 和 $E[U(C_D)]$ 分别表示一个儿子(S)和一个女儿(D)拟获得教育的期望效用；C 表示教育资源的消费量；θ 捕捉父母的"性别偏好"，其取值范围为 $(0, 1)$，θ 值越大，表示父母的"重男轻女"观念越强。

个体 $i(i = S \ or \ D)$ 拟获得教育的期望效用 $E[U(C_i)]$，可表示为：

$$E[U(C_i)] = P(x_i, A_i, \overline{A}) \times U_c + [1 - P(x_i, A_i, \overline{A})] \times U_{no} \quad (3 - 2)$$

其中，U_c 表示个体获得教育的效用水平；U_{no} 表示个体得不到教育的效用水平。$P(x_i, A_i, \overline{A})$ 表示个体获得教育的概率，其取值范围为 $(0, 1)$，其中，x_i、A_i 和 $\overline{A}$ 分别表示个体 i 从家庭内部获得的教育资源、自身能力和获得教育（被学校录取）的最低能力要求。个体获得教育的概率 $P(x_i, A_i, \overline{A})$ 函数形式可设置为：

$$P(x_i, A_i, \overline{A}) = x_i^a A_i^{1-a} \cdot I(A_i \geqslant \overline{A}) \quad (3 - 3)$$

其中，$I(A_i \geqslant \overline{A})$ 表示一个指示函数，如果 $A_i \geqslant \overline{A}$，定义为 1；反之，则定义为 0。如果个体的能力 A_i 达到获得教育的最低能力要求 $\overline{A}$，那么，他从家庭内部获得的教育资源 x_i 越多，能力 A_i 越强，他获得教育的概率 $P(x_i, A_i, \overline{A})$ 便会越高。

个体的能力 A_i 可视为学业成绩的函数，具体包括：个体的先天能力（Inborn Ability）和后天的努力程度（Effort Spending）。方莱（Fang，2010）利用北京市东城区的初中学生数据，研究发现：女性的初中学业成绩优于男性。当女性在完成义务教育阶段之后，除非她从家庭内部获得的教育资源是给定的，否则，女性获得教育的概率与其先天的能力和后天的努力程度并不总是呈正相关关系。

为简化分析，将个体获得教育的效用水平 U_c 设置为 1，得不到教育的效用水平 U_{no} 设置为 0。因此，家庭的效用函数 U^H 可简化为：

$$U^H = \theta \cdot n_S \cdot x_S^a A_S^{1-a} \cdot I(A_S \geqslant \overline{A}) + (1 - \theta) \cdot n_D \cdot x_D^a A_D^{1-a} \cdot I(A_D \geqslant \overline{A})$$

$$(3 - 4)$$

在预算约束条件式(3-5)下,父母将最大化其家庭效用 U^H。[①]

$$n_S x_S + n_D x_D \leqslant M \cdot I(A_S \geqslant \overline{A} \text{ or } A_D \geqslant \overline{A}) \quad\quad (3-5)$$

其中,$I(A_S \geqslant \overline{A} \text{ or } A_D \geqslant \overline{A})$ 表示一个指示函数,当家庭内部儿子或女儿的能力达到获得教育的最低要求($A_S \geqslant \overline{A}$ 或 $A_D \geqslant \overline{A}$)时,定义为 1;否则,定义为 0。$M$ 表示父母分配给子女的教育资源总量。

接下来,分析教育扩招如何影响父母在儿子和女儿间的教育资源分配决策,继而影响男女教育获得的差距。首先,分析教育扩招前,父母在儿子和女儿间的教育资源分配决策。为简化分析,将所有家庭划分为四类,如表3-1所示:

表 3-1　父母在子女间的教育资源分配决策(教育扩招前)

四类家庭	家庭效用函数:U^H	儿子:x_S (1)	女儿:x_D (2)
第Ⅰ类家庭:$A_S \geqslant \overline{A}$;$A_D \geqslant \overline{A}$	$\theta n_S x_s^{\alpha} A_s^{1-\alpha} +$ $(1-\theta) n_D x_D^{\alpha} A_D^{1-\alpha}$	$\dfrac{M}{n_D \left(\dfrac{1-\theta}{\theta}\right)^{\frac{1}{1-\alpha}} \dfrac{A_D}{A_S} + n_S}$	$\dfrac{\left(\dfrac{1-\theta}{\theta}\right)^{\frac{1}{1-\alpha}} \dfrac{A_D}{A_S} M}{n_D \left(\dfrac{1-\theta}{\theta}\right)^{\frac{1}{1-\alpha}} \dfrac{A_D}{A_S} + n_S}$
第Ⅱ类家庭:$A_S < \overline{A}$;$A_D \geqslant \overline{A}$	$(1-\theta) n_D x_D^{\alpha} A_D^{1-\alpha}$	0	$\dfrac{M}{n_D}$
第Ⅲ类家庭:$A_S \geqslant \overline{A}$;$A_D < \overline{A}$	$\theta n_S x_s^{\alpha} A_s^{1-\alpha}$	$\dfrac{M}{n_S}$	0
第Ⅳ类家庭:$A_S < \overline{A}$;$A_D < \overline{A}$	0	0	0

[①] 现实中,父母在儿子和女儿间的教育资源分配分两步进行:首先,父母需要在"休闲"和"工作"间分配时间,并将赚取的工资分为消费、储蓄和子女的教育投资。然后,再将分配到子女的教育资源,进一步在儿子和女儿间进行分配,以使得家庭的效用最大化。为简化分析,本节只关注第二步:父母如何将有限的教育资源,在儿子和女儿间进行分配。

第 I 类家庭：$A_S \geqslant \overline{A}$；$A_D \geqslant \overline{A}$。这一类家庭中，儿子和女儿的能力均达到获得教育的最低要求。此时，男性获得的教育资源为 $n_S \cdot M \left[n_D \left(\dfrac{1-\theta}{\theta} \right)^{\frac{1}{1-\alpha}} \dfrac{A_D}{A_S} + n_S \right]^{-1}$，而女性获得剩下的教育资源。如果父母的"重男轻女"观念 θ 越强，男性能力相对较高（$\dfrac{A_D}{A_S}$ 越小），那么男性获得的教育资源越多。

第 II 类家庭：$A_S < \overline{A}$；$A_D \geqslant \overline{A}$。这一类家庭中，仅有女儿的能力达到获得教育的最低要求。此时，父母将所有的教育资源分配给女性。第 III 类家庭：$A_S \geqslant \overline{A}$；$A_D < \overline{A}$。这一类家庭中，仅有儿子的能力达到获得教育的最低要求。此时，父母将所有的教育资源分配给男性。第 IV 类家庭：$A_S < \overline{A}$；$A_D < \overline{A}$。这一类家庭中，儿子和女儿的能力都达不到获得教育的最低要求，此时，男性和女性均无法从家庭内部得到教育资源。

其次，分析教育扩招后，父母在儿子和女儿间的教育资源分配决策。教育扩招可视为个体获得教育（被学校录取）的最低能力要求下降：由 $\overline{A}$ 下降至 $\overline{A}'$。此时，表 3-1 中四类家庭的儿子和女儿，从家庭内部获得的教育资源变动情况如表 3-2 所示。

表 3-2　父母在子女间的教育资源分配决策（教育扩招后）

教育扩招前	教育扩招后 $(\overline{A} > \overline{A}')$	儿子：x_S	女儿：x_D	男女教育差距：$Diff_G$
		(1)	(2)	(3)
第 I 类家庭：$A_S \geqslant \overline{A}$；$A_D \geqslant \overline{A}$	$A_S \geqslant \overline{A}'$；$A_D \geqslant \overline{A}'$	$\dfrac{M}{n_D \left(\frac{1-\theta}{\theta} \right)^{\frac{1}{1-\alpha}} \frac{A_D}{A_S} + n_S}$	$\dfrac{\left(\frac{1-\theta}{\theta} \right)^{\frac{1}{1-\alpha}} \frac{A_D}{A_S} M}{n_D \left(\frac{1-\theta}{\theta} \right)^{\frac{1}{1-\alpha}} \frac{A_D}{A_S} + n_S}$	0

教育扩招前	教育扩招后 $(\overline{A}>\overline{A}')$	儿子：x_S (1)	女儿：x_D (2)	男女教育差距：$Diff_G$ (3)
第Ⅱ类家庭：$A_S<\overline{A}$；$A_D\geqslant\overline{A}$	$A_S\geqslant\overline{A}'$；$A_D\geqslant\overline{A}'$	$\dfrac{M}{n_D\left(\dfrac{1-\theta}{\theta}\right)^{\frac{1}{1-\alpha}}\dfrac{A_D}{A_S}+n_S}$	$\dfrac{\left(\dfrac{1-\theta}{\theta}\right)^{\frac{1}{1-\alpha}}\dfrac{A_D}{A_S}M}{n_D\left(\dfrac{1-\theta}{\theta}\right)^{\frac{1}{1-\alpha}}\dfrac{A_D}{A_S}+n_S}$	>0
	$A_S<\overline{A}'$；$A_D\geqslant\overline{A}'$	0	$\dfrac{M}{n_D}$	0
第Ⅲ类家庭：$A_S\geqslant\overline{A}$；$A_D<\overline{A}$	$A_S\geqslant\overline{A}'$；$A_D<\overline{A}'$	$\dfrac{M}{n_S}$	0	0
	$A_S\geqslant\overline{A}'$；$A_D\geqslant\overline{A}'$	$\dfrac{M}{n_D\left(\dfrac{1-\theta}{\theta}\right)^{\frac{1}{1-\alpha}}\dfrac{A_D}{A_S}+n_S}$	$\dfrac{\left(\dfrac{1-\theta}{\theta}\right)^{\frac{1}{1-\alpha}}\dfrac{A_D}{A_S}M}{n_D\left(\dfrac{1-\theta}{\theta}\right)^{\frac{1}{1-\alpha}}\dfrac{A_D}{A_S}+n_S}$	<0
第Ⅳ类家庭：$A_S<\overline{A}$；$A_D<\overline{A}$	$A_S<\overline{A}'$；$A_D<\overline{A}'$	0	0	0
	$A_S\geqslant\overline{A}'$；$A_D<\overline{A}'$	$\dfrac{M}{n_S}$	0	>0
	$A_S<\overline{A}'$；$A_D\geqslant\overline{A}'$	0	$\dfrac{M}{n_D}$	<0
	$A_S\geqslant\overline{A}'$；$A_D\geqslant\overline{A}'$	$\dfrac{M}{n_D\left(\dfrac{1-\theta}{\theta}\right)^{\frac{1}{1-\alpha}}\dfrac{A_D}{A_S}+n_S}$	$\dfrac{\left(\dfrac{1-\theta}{\theta}\right)^{\frac{1}{1-\alpha}}\dfrac{A_D}{A_S}M}{n_D\left(\dfrac{1-\theta}{\theta}\right)^{\frac{1}{1-\alpha}}\dfrac{A_D}{A_S}+n_S}$	$Diff_G>0$ if $\theta>\hat{\theta}$ $Diff_G<0$ if $\theta<\hat{\theta}$ where $\hat{\theta}=$ $\dfrac{1}{1+\left(\dfrac{A_S}{A_D}\right)^{\frac{1-\alpha}{\alpha}}}$

注：$Diff_G=[\mathrm{P}(x_S,A_S,\overline{A}')-\mathrm{P}(x_D,A_D,\overline{A}')]-[\mathrm{P}(x_S,A_S,\overline{A})-\mathrm{P}(x_D,A_D,\overline{A})]$，表示教育扩招如何通过影响个体获得教育的概率，进而影响家庭内部男女教育获得的差距。

第Ⅰ类家庭，男女获得教育资源不受教育扩招影响。不过，对于其他类型的家庭而言，男女获得教育资源是否发生变动，取决于原先达不到获得教育最

低能力要求 $\overline{A}$ 的个体,在教育扩招之后,其能力是否达到 $\overline{A}'$。对于第Ⅱ类家庭和第Ⅲ类家庭,如果原先达不到获得教育最低能力要求 $\overline{A}$ 的个体,在教育扩招之后,其能力仍达不到 $\overline{A}'$,此时,男女获得的教育资源将保持不变。比较有趣的是,第Ⅱ类家庭:$A_S < \overline{A}$;$A_D \geqslant \overline{A}$。如果原先达不到获得教育最低能力要求 $\overline{A}$ 的男性,在教育扩招之后,其能力达到 $\overline{A}'$,即 $\overline{A}' < A_S < \overline{A} < A_D$,此时,教育扩招使得父母将部分(或全部)教育资源由女儿转移至儿子,从而提高男性获得教育的概率,而降低女性获得教育的概率,将导致男女教育获得差距的扩大。而第Ⅳ类家庭的男女获得教育资源变动情况有四种可能,与表 3-1 类似。

最后,进一步分析教育扩招如何影响男女获得教育的概率,进而影响男女教育获得的差距。教育扩招对男女教育获得差距的干预效应,定义如下:

$$Diff_G = [\mathrm{P}(x_S, A_S, \overline{A}') - \mathrm{P}(x_D, A_D, \overline{A}')] \tag{3-6}$$
$$- [\mathrm{P}(x_S, A_S, \overline{A}) - \mathrm{P}(x_D, A_D, \overline{A})]$$

其中,式(3-6)第一、二个中括号式子分别表示,教育扩招后和教育扩招前的家庭内部男女教育获得的差距。四类家庭的教育扩招干预效应 $Diff_G$,如表 3-2 第(3)列所示。

其中,(1)第Ⅰ类家庭的男女教育获得差距不受教育扩招影响;(2)第Ⅱ类家庭可解释男女教育获得差距的扩大现象,但这种情况下,女性获得教育的比例在教育扩招之后将呈下降趋势;(3)与第Ⅱ类家庭相反,第Ⅲ类家庭可解释男女教育获得差距的缩小现象,但女性获得教育的比例在教育扩招之后将呈上升趋势;(4)当①$A_S \geqslant \overline{A}' > A_D$ 或②$A_D > A_S \geqslant \overline{A}'$ 且 $\theta > \hat{\theta} = \left[1 + \left(\frac{A_S}{A_D}\right)^{\frac{1-\alpha}{\alpha}}\right]^{-1}$,第Ⅳ类家庭可解释男女教育获得差距的扩大现象。在第Ⅳ类家庭中,如果男性的能力高于女性(符合条件①),那么教育扩招将扩大男女教育获得的差距。不过,这一结果未必是父母的"重男轻女"观念导致的;相反,如果男性的能力低于女性(符合条件②),那么父母的"重男轻女"观念 ($\theta > 1/2$)[①] 将是导致教育扩招会扩大男女教育获得差距的重要原因。

表 3-2 第(3)列中,各类家庭的教育扩招干预效应结果,为本章节检验父母的"重男轻女"观念是否是"教育扩招会扩大'有异性同胞'男女教育获得差距"的核心原因,提供了一个重要的实证启示,具体实证结果如本章第六节所示。

第三节 "高校扩招"的背景介绍

1999 年,教育部出台了《面向 21 世纪教育振兴行动计划》,开始扩大普通高等学校的招生规模(以下简称"高校扩招")。1999 年之前,中国的高等教育毛入学率低于 7%,这一比例远低于特罗(Trow, 1973)定义的"高等教育大众化"(Mass Higher Education)[②]。1999 年"高校扩招"的短期目标是:到 2000 年,中国的高等教育毛入学率达到 11%;到 2010 年,达到 15%左右。在实施过程中,政府鼓励普通高等学校设立多个校区,允许私立高等教育机构扩建扩招(Yeung, 2013)。此外,1998—2001 年,政府对高等学校的经费拨款总额由 545 亿元增加至 1 114 亿元,增幅达到 104.4%;而专任高等学校教师人数也增加了 18.7%(Levin and Xu, 2005)。

图 3-1 利用《新中国六十年统计资料汇编》数据,绘制了 1995—2008 年普通高等学校和高中学校的招生规模。结果显示,1995—1998 年,普通高等学校的招生规模基本保持不变;但在 1999 年之后,普通高等学校的招生规模开始上

---

① 当 $A_S < A_D$, $\theta > \hat{\theta} = \left[1 + \left(\dfrac{A_S}{A_D} \right)^{\frac{1-a}{a}} \right]^{-1} > \dfrac{1}{2}$。

② 高等教育毛入学率指年龄段为 18～22 岁的个体,入读全日制大学的比例。特罗(Trow, 1973)将一国的高等教育发展划分为以下三个阶段:精英化(Elite Higher Education)、大众化(Mass Higher Education,以 15%作为分界线)和普及化(Universal Higher Education,以 50%作为划分点)。

升。其中,1999 年的招生规模增长率高达 47% 左右,而 1999 年之后的招生规模保持着稳定的增长。与此同时,高中学校的招生规模在 1999 年之后也呈上升趋势:由 1998 年的 359.6 万人增加至 2008 年的 837 万人。其中,2005 年达到峰值,招生规模达到 878 万人。

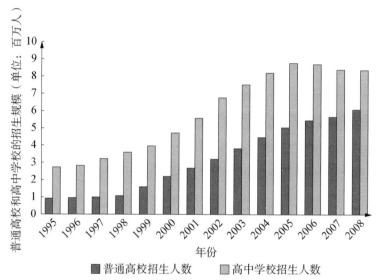

图 3‑1 中国普通高等学校和高中学校的招生规模变动趋势图
数据来源:《新中国六十年统计资料汇编》。

1999 年"高校扩招"的实施背景是 20 世纪 90 年代中后期的"国企改革"(the Reform of State-owned Enterprises,SOEs)。"国企改革"关闭了众多小型和无效率的国有企业(Ho and Yang,2013),导致大量的职工下岗。李洪勇(Lee,2000)统计发现,1997 年的下岗职工数量为 1 150 万人;到 1999 年,下岗职工人数累计达到 1 950 万人。实行"高校扩招"不仅能在国内经济下行期间刺激国内消费,通过人力资本投资提高人才国际竞争力,而且推迟了部分高中毕业生进入劳动力市场,缓解了当时劳动力市场的就业压力。

第四节 数据来源、模型建立和变量说明

一、数据来源和样本选择

本章主要使用 2005 年 1% 人口普查数据中的随机再抽样数据,该数据的调查标准时间是 2005 年 11 月 1 日,样本量约 259 万个。使用该数据有两个好处:一是截至 2005 年,受"高校扩招"政策影响的出生队列,已完成了高中入学决策;二是提供了一些重要的人口统计信息,如个体受教育情况、出生年份和兄弟姐妹数量特征。

此外,本章还使用了几个辅助数据:(1)1990 年 1% 人口普查数据,调查标准时间为 1990 年 11 月 1 日,个体样本量约 1 184 万个;(2)2013—2014 学年中国教育追踪调查数据,该数据是由中国人民大学中国调查与数据中心设计与实施的、具有全国代表性的大型追踪调查项目,基线数据共调查了约 2 万名初中生;(3)各省各年份的 GDP 增长率、普通高等学校、高中学校的招生规模和农村居民家庭人均纯收入数据,来自《新中国六十年统计资料汇编》和中华人民共和国统计局。

基准回归选取:出生年份为 1979—1987 年,且已完成初中教育的"有异性同胞"个体("有儿有女"的家庭)[①]。选取 1987 年之前出生的个体,是为确保所有个体在 2005 年人口普查时,已完成了"是否入读高中"的教育升学决策;而选取 1979 年之后出生的个体,是为保证所有个体尽可能受 1978 年农村改革、1979 年计划生育政策和 1986 年《义务教育法》的影响。张春泥和谢宇(2017)利用 1992 年儿童调查数据发现,个体入读小学的平均年龄为 7 周岁。结合"高校扩招"的实施时间点(1999 年)和中国实施九年义务教育,将所有个体划分为两

[①] 由 2005 年 1% 人口抽样调查数据可知,在出生年份为 1979—1987 年的样本中,"有异性同胞"家庭占比为 58.55%;"独生子女"家庭占比为 22.08%;"同性同胞"家庭占比为 19.37%。

组：一组是受"高校扩招"影响的组别，即 1983—1987 年出生的群体；另一组是不受"高校扩招"影响的组别，即 1979—1982 年出生的群体。

二、计量模型建立和相关变量说明

本章通过实证回归模型(3-7)，研究"高校扩招"对"有异性同胞"男女高中教育获得差距的影响，具体如下所示：

$$HighSchool_{i,j,k} = \alpha_1 + \beta_1 \cdot male_{i,j,k} \times Expansion_j + \theta_1 \cdot male_{i,j,k}$$
$$+ \delta_1 \cdot Expansion_j + \gamma \cdot X_{i,j,k} + Hukou\_city_i + Birth\_year_j + \varepsilon_{i,j,k}$$

$$(3-7)$$

其中，被解释变量 $HighSchool_{i,j,k}$ 表示 i 户口城市 j 年份出生的个体 k 是否获得高中教育，设置为虚拟变量，1＝受教育程度为高中及以上，0＝受教育程度为初中毕业。核心解释变量为 $male_{i,j,k} \times Expansion_j$，其中，$male_{i,j,k}$ 表示性别，设置为虚拟变量，1＝男性，0＝女性；$Expansion_j$ 表示是否受"高校扩招"影响变量，设置为虚拟变量，1＝受"高校扩招"影响（出生年份为 1983—1987 年），0＝不受"高校扩招"影响（出生年份为 1979—1982 年）。

控制变量 $X_{i,j,k}$ 包括：(1)民族，1＝汉族，0＝少数民族；(2)兄弟数量和姐妹数量(Becker and Lewis, 1973；Rosenzweig and Zhang, 2009；Liu, 2014)；(3)出生月份虚拟变量(Bedard and Dhuey, 2006；Mccrary and Royer, 2011)，1＝出生月份为 9—12 月，0＝出生月份为 1—8 月[①]；以及个体户口所在城市固定效应 $Hukou\_city_i$ 和出生年份固定效应 $Birth\_year_j$。$\varepsilon_{i,j,k}$ 为干扰项。模型(3-7)中，重点关注 $male_{i,j,k} \times Expansion_j$ 交互项变量估计系数 β_1，其衡量"高

[①] 1986 年 4 月 12 日颁布《中华人民共和国义务教育法》，其中的入学年龄规定要求："凡年满六周岁的儿童，不分性别、民族、种族，应当入学接受规定年限的义务教育。条件不具备的地区，可以推迟到七周岁入学。"在政策执行上，截至当年 8 月 31 日满六(七)周岁的儿童可报名就读，而当年 9 月 1 日以后出生的孩子须等到次年入学。张春泥和谢宇(2017)利用 1992 年儿童调查数据证实了这个现象：在《义务教育法》实施后，9—12 月出生的群体存在"推迟入学"现象。

校扩招"对"有异性同胞"男女高中教育获得差距的干预效应。为避免受相同户口城市因素影响而导致扰动项自相关,回归采用聚类到户口城市的稳健标准误。此外,为避免非线性模型中交叉项可能存在的问题(Ai and Norton,2003),回归采用 OLS 估计。

表 3-3 利用 2005 年 1%人口普查数据中的随机再抽样数据,列示了"高校扩招"前后,"有异性同胞"男女高中教育获得比例等变量的统计事实。结果显示,平均而言,"高校扩招"前,"有异性同胞"男女高中教育获得比例的差距为1.6%。然而,在"高校扩招"后,"有异性同胞"男女高中教育获得比例的差距扩大至 4.5%。即"高校扩招"使"有异性同胞"男女高中教育获得的差距扩大了2.9%。实证回归章节将采用多元回归方法,识别"高校扩招"与"有异性同胞"男女高中教育差距的扩大是否存在因果关系及其影响机制。

表 3-3　模型(3-7)中各变量的统计事实

	不受"高校扩招"影响 (出生年份为 1979—1982)			受"高校扩招"影响 (出生年份为 1983—1987)			DD
	男性 (1)	女性 (2)	DIF(1—2) (3)	男性 (4)	女性 (5)	DIF(4—5) (6)	DD(6—3) (7)
是否获得 高中教育	0.317 (0.465)	0.301 (0.459)	0.016*** (0.004)	0.406 (0.491)	0.361 (0.480)	0.046*** (0.003)	0.029*** (0.005)
汉族	0.896 (0.305)	0.915 (0.279)	−0.018*** (0.002)	0.896 (0.305)	0.909 (0.287)	−0.013*** (0.002)	0.006* (0.003)
兄弟数量	0.663 (0.847)	1.272 (0.565)	−0.609*** (0.005)	0.557 (0.752)	1.248 (0.529)	−0.691*** (0.004)	−0.082*** (0.007)
姐妹数量	1.436 (0.777)	0.797 (0.942)	0.639*** (0.007)	1.374 (0.702)	0.722 (0.902)	0.652*** (0.006)	0.013 (0.007)
出生月份: 9—12 月	0.361 (0.481)	0.363 (0.481)	−0.003 (0.004)	0.376 (0.484)	0.372 (0.483)	0.003 (0.003)	0.006 (0.005)
样本量	30 715	38 658		38 283	50 454		158 110

注:第(1)—(2)列和第(4)—(5)列括号内为标准差,第(3)、(6)和(7)列括号内为标准误。＊、＊＊和＊＊＊分别表示在10%、5%和1%水平上显著。

图 3 - 2 绘制了"高校扩招"前后,"有异性同胞"男女高中教育获得比例的变动趋势图,可以看到:(1)"有异性同胞"男性获得高中教育的比例高于女性;(2)在"高校扩招"之前,"有异性同胞"男女高中教育获得差距的变动趋势较为稳定。不过,在"高校扩招"之后,"有异性同胞"男女高中教育获得的差距逐渐变大。

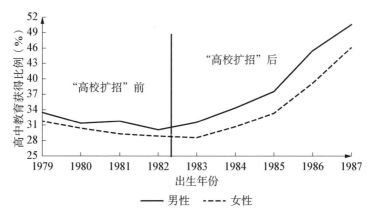

图 3 - 2 "有异性同胞"男女获得高中教育比例的变动趋势图(高校扩招前后)
数据来源:2005 年 1%人口抽样调查数据。

第五节 "高校扩招"会扩大高中教育的性别差距吗?

一、基准结果和平行趋势假设检验

表 3 - 4 第(1)—(2)列汇报了模型(3 - 7)的回归结果,其中,第(1)列仅纳入"高校扩招"、男性、"男性×高校扩招"和户口城市固定效应;第(2)列在第(1)列的基础上,控制个体民族、兄弟数量、姐妹数量、出生月份虚拟变量和出生年份固定效应(下称"基准回归")。结果显示:"男性×高校扩招"变量在 1%水平上表现为正的显著。以第(2)列为分析对象,发现相比于"高校扩招"前,"高校扩招"后的"有异性同胞"男女高中教育获得差距显著扩大了 1.9%。

表 3－4　基准回归和平行趋势假设检验

被解释变量：是否获得高中教育(1＝高中及以上；0＝初中毕业)						
OLS						
	基准回归		平行趋势检验：以"出生年份为 1982 年"为基期			
	(1)	(2)	(3)			
男性× 高校扩招	0.024*** (0.006)	0.019*** (0.006)	男性× 1979	0.008 (0.009)	男性× 1987	0.023** (0.011)
高校扩招	0.068*** (0.006)	0.145*** (0.009)	男性× 1980	−0.001 (0.010)	男性	0.010 (0.007)
男性	0.022*** (0.004)	0.014*** (0.004)	男性× 1981	0.009 (0.010)	汉族	0.001 (0.012)
汉族		0.002 (0.012)	男性× 1983	0.015 (0.011)	兄弟数量	−0.051*** (0.003)
兄弟数量		−0.051*** (0.003)	男性× 1984	0.016 (0.011)	姐妹数量	−0.038*** (0.002)
姐妹数量		−0.038*** (0.002)	男性× 1985	0.021** (0.011)	出生月份： 9—12 月	0.010*** (0.002)
出生月份： 9—12 月		0.010*** (0.002)	男性× 1986	0.036*** (0.011)		
出生年份 固定效应		是	出生年份固定效应		是	
户口城市 固定效应	是	是	户口城市固定效应		是	
样本量	158 110	158 110	样本量		158 110	
R²	0.071	0.092	R²		0.092	

　　注：①括号内为聚类到户口城市的稳健标准误；②＊、＊＊和＊＊＊分别表示在10%、5%和1%水平上显著。限于篇幅,出生年份固定效应和户口城市固定效应变量的实证结果,未予列示。

　　控制变量的符号和显著性基本符合预期。(1)"高校扩招"变量在 1% 水平上表现为正的显著,估计系数为 0.145,表明相比于不受"高校扩招"影响的出生队列,受"高校扩招"影响的出生队列获得高中教育概率显著高 14.5%;(2)"男性"变量在 1% 水平上表现为正的显著,估计系数为 0.014,表明在不受"高校扩招"影响的出生队列中,男性获得高中教育的概率比女性显著高 1.4%;(3)"兄

弟数量"和"姐妹数量"均在 1% 水平上表现为负的显著,估计系数分别为
－0.051 和－0.038,表明兄弟姐妹数量越多,个体获得高中教育的概率越低,并
且兄弟数量的负向影响大于姐妹数量;(4)出生月份为 9—12 月变量在 1% 水平
上表现为正的显著,估计系数为 0.010,表明相比于 1—8 月出生的个体,9—12
月出生的个体获得高中教育的概率显著高 1%。

表 3-4 第(3)列进一步检验第(2)列的实证结果是否满足平行趋势假设。
以"高校扩招－1"期(出生年份为 1982 年)为基准,用"男性×各出生年份虚拟
变量"替代"男性×高校扩招"变量。结果显示:不受"高校扩招"影响的出生队
列,"男性×各出生年份虚拟变量"均表现为不显著影响,表明基准结果满足平
行趋势假设。

二、稳健性检验

表 3-5 对表 3-4 第(2)列的基准结论进行稳健性检验。

(1)控制个体户口变量。吴晓刚和张卓妮(Wu and Zhang,2010)研究发
现:不同户口类别的男女高中教育获得存在差异。表 3-5 第(1)列在基准回归
的基础上进一步控制个体户口变量,定义如下:1＝农业户口;0＝非农业户口。
结果显示:即便控制个体户口变量,"男性×高校扩招"变量仍表现为正的显
著。此外,农业户口变量在 1% 水平上表现为负的显著,估计系数为－0.468,表
明农业户口个体获得高中教育的概率比非农业户口个体显著低 46.8%。

(2)控制父母受教育程度变量。吴晓刚(Wu,2010)发现:在中国,家庭背
景对个体的受教育程度有显著的影响。由于父母的受教育程度与其收入和职
业密切相关,本章将其作为个体家庭背景的衡量指标。表 3-5 第(2)列在基准
回归的基础上进一步纳入父母的受教育程度。定义如下:1＝受教育程度为初
中及以上;0＝受教育程度为初中以下。结果显示:在控制个体父母受教育程
度变量之后,"男性×高校扩招"变量仍表现为正的显著,且估计系数比基准结
果要大。相比父亲教育为初中以下,父亲教育为初中及以上的个体获得高中教
育的概率显著高 9.3%;而相比母亲教育为初中以下,母亲教育为初中及以上的

个体获得高中教育的概率显著高 11.2%。

（3）升学时宏观经济环境的影响。不同出生年份的个体,在进行"初中升高中"教育升学决策时,面临的劳动力市场和宏观经济环境不同。表 3-5 第(3)列在基准回归的基础上,进一步控制个体户口所在省份对应年份（出生年份＋16）的"GDP 增长率"及其与男性的交互项变量,以缓解宏观经济因素的干扰;此外,考虑到其他不可观测的宏观因素对"有异性同胞"男女高中教育获得差距的影响,最终会反映到同一省份同一出生年份（或滞后一期出生年份）的男女高中教育获得差距上。使用"同一省份,同一出生年份和滞后一期出生年份的男女高中教育获得差距平均值"作为其他不可观测的宏观因素衡量指标,并控制这一衡量指标及其与男性的交互项变量。为降低潜在的内生性偏误,不包括个体自身所在的户口城市。结果显示:"男性×高校扩招"变量的估计系数仍在 5%水平上表现为正的显著。

（4）减少回归样本量。为降低其他政治经济因素对基准回归的干扰,表 3-5 第(4)列缩短出生队列回归样本:使用 1980—1986 年出生的"有异性同胞"男女性个体样本。其中,将 1980—1982 年出生的个体视为不受"高校扩招"影响,1983—1986 年出生的个体视为受"高校扩招"影响,结论不变:"高校扩招"仍显著扩大"有异性同胞"男女高中教育获得的差距。

（5）使用各省高校招生强度和高中招生强度变量。表 3-5 第(5)、(6)列分别使用各省对应年份高校招生强度和高中招生强度变量,替换基准回归中的"高校扩招"虚拟变量。各省对应年份的高校招生强度和高中招生强度变量,定义如下:个体户口所在省份"出生年份＋16"年的普通高等学校招生规模增长率和高中学校招生规模增长率。结果显示:"男性×高校扩招"变量仍表现为正的显著。

（6）使用 Probit 模型估计。尽管使用 Probit 模型估计非线性模型可能会产生误导性结论（Ai and Norton,2003）,然而,表 3-5 第(7)列的 Probit 模型估计结果显示:"男性×高校扩招"变量系数符号和显著性与基准回归的 OLS估计结果是一致的。

表 3-5　稳健性检验

被解释变量	是否获得高中教育(1=高中及以上;0=初中毕业)						
估计方法	OLS						Probit
考虑类型	户口类型变量	父母受教育程度	升学时的宏观因素	减少样本量↓	高校扩招强度	高中招生强度	Probit模型
回归序号	(1)	(2)	(3)	(4)	(5)	(6)	(7)
男性×高校扩招	0.011** (0.005)	0.071*** (0.010)	0.014** (0.007)	0.020*** (0.007)	0.031* (0.016)	0.087*** (0.031)	0.048*** (0.018)
户口：农业户口	−0.468*** (0.009)						
父亲受教育程度		0.093*** (0.006)					
母亲受教育程度		0.112*** (0.006)					
男性×GDP增长率			0.000 (0.002)				
GDP增长率			0.002 (0.002)				
男性×其他不可观测的宏观因素			−0.046 (0.103)				
其他不可观测的宏观因素			0.423*** (0.086)				
男性	是	是	是	是	是	是	是
高校扩招	是	是	是	是	是	是	是
控制变量	是	是	是	是	是	是	是
出生年份固定效应	是	是	是	是	是	是	是
户口城市固定效应	是	是	是	是	是	是	是
样本量	158 110	46 169	158 110	119 971	158 110	158 110	158 091
R^2/Pseudo R^2	0.226	0.136	0.092	0.086	0.092	0.092	0.072

注：①括号内为聚类到户口城市的稳健标准误;②*、**和***分别表示在10%、5%和1%水平上显著。其他不可观测的宏观因素：同一省份其他城市,同一出生年份和滞后一期出生年份的男女高中教育获得差距平均值。限于篇幅,男性、高校扩招、控制变量(汉族、兄弟数量、姐妹数量、出生月份虚拟变量)、出生年份固定效应和户口城市固定效应变量的实证结果,未予列示。

三、安慰剂检验

为验证表3-4第(2)列实证结果并非偶然,表3-6第(1)—(3)列做了两个安慰剂检验。其中,第(1)列为使用虚假因变量;第(2)—(3)列为使用虚假处理组(性别)。

(1)虚假因变量。表3-6第(1)列为使用虚假因变量:个体"初中是否辍学或肄业"。定义如下:1=受教育程度为初中辍学或"肄业",0=受教育程度为初中毕业及以上。结果显示:"男性×高校扩招"变量表现为不显著的正向影响。

表3-6 安慰剂检验

安慰剂检验类别	虚假因变量	虚假女性(男→女)	虚假男性(女→男)
回归样本	全样本	仅有兄弟的男性样本	仅有姐妹的女性样本
被解释变量	初中是否辍学/肄业	是否获得高中教育	
回归序号	(1)	(2)	(3)
男性×高校扩招	0.001	−0.000 9	0.000 0
	(0.001)	(0.010)	(0.013)
男性	是	是	是
高校扩招	是	是	是
控制变量	是	是	是
出生年份固定效应	是	是	是
户口城市固定效应	是	是	是
样本量	162 446	31 371	21 801
R^2	0.021	0.100	0.131

注:①括号内为聚类到户口城市的稳健标准误;②*、**和***分别表示在10%、5%和1%水平上显著;③第(1)列为使用虚假因变量:初中是否辍学或肄业,1=受教育程度为初中辍学或"肄业",0=受教育程度为初中毕业及以上;④第(2)列为使用"仅有兄弟"的男性样本,然后将50%的男性随机设置为女性;第(3)列为使用"仅有姐妹"的女性样本,然后将50%的女性随机设置为男性。为降低样本选择偏误,第(2)列和第(3)列重复回归200次,并报告"男性×高校扩招"变量估计系数的均值和标准差。限于篇幅,男性、高校扩招、控制变量(汉族、兄弟数量、姐妹数量、出生月份虚拟变量)、出生年份固定效应和户口城市固定效应变量的实证结果,未予列示。

（2）虚假处理组（性别）。表3－6第（2）—（3）列为使用虚假处理组。其中，第（2）列为使用"仅有兄弟"的男性样本，然后将50%的男性随机设置为女性。第（3）列为使用"仅有姐妹"的女性样本，然后将50%的女性随机设置为男性。为降低样本选择偏误，我们重复进行200次实证回归。结果分别显示："男性（虚假女性）×高校扩招"变量的均值为－0.0009，标准差为0.010；"男性（虚假男性）×高校扩招"变量的均值为0.0000，标准差为0.013。

图3－4分别绘制了重复200次实证回归后，"男性（虚假女性）×高校扩招"［对应表3－4第（2）列］和"男性（虚假男性）×高校扩招"［对应表3－4第（3）列］估计系数的核密度估计分布图。其中，核函数为使用"伊番科尼可夫"（Epanechnikov）核函数。结果显示，"男性（虚假女性）×高校扩招"和"男性（虚假男性）×高校扩招"估计系数分布呈近似正态分布状况，且估计系数的均值非常接近于0。

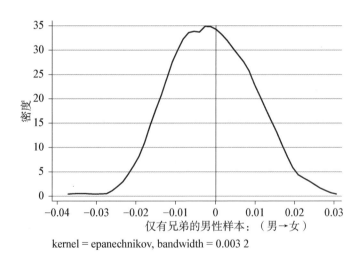

kernel = epanechnikov, bandwidth = 0.003 2

图3－3 "男性（虚假女性）×高校扩招"估计系数的核密度分布图

四、"高校扩招"前后的样本选择偏误

本章的理论模型主要分析，教育扩招对同一家庭的男女教育获得差距的影

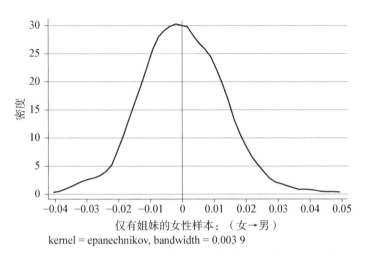

仅有姐妹的女性样本：（女→男）

kernel = epanechnikov, bandwidth = 0.003 9

图 3 - 4 "男性(虚假男性)×高校扩招"估计系数的核密度分布图

响。然而,在实证分析中,无法比较同一个体在"高校扩招"前后的高中教育获得概率变化情况。为使得"高校扩招"前后,"有异性同胞"男女高中教育获得概率的比较更有意义,以及缓解"有异性同胞"男女性个体在"高校扩招"前后,可能面临的样本选择偏误问题,本节采用以下两种方式：

(1) 关注"一个儿子和一个女儿"家庭类型。表 3 - 7 第(1)—(2)列为使用仅有"一个儿子和一个女儿"的家庭样本,以"男性是否获得高中与其姐妹是否获得高中的差值"作为被解释变量(值为−1/0/1)。其中,第(1)列将回归样本限定为"儿子和女儿"的出生年份均为 1979—1982 年或 1983—1987 年,研究相比于不受"高校扩招"影响(均为 1979—1982 年出生),受"高校扩招"影响(均为1983—1987 年出生)的男女高中教育获得差距变化情况。结果显示：在控制了出生年份的性别差距(男−女)和出生月份的性别差异(男−女)变量之后,相比于不受"高校扩招"影响,受"高校扩招"影响的男女高中教育获得差距显著提高了 3.8%左右。

为减少其他政治经济因素的干扰,作为稳健性检验,第(2)列缩短回归样本的出生年份:"儿子和女儿"的出生年份均为 1980—1982 年或 1983—1986 年。结论不变:相比于不受"高校扩招"影响(均为 1980—1982 年出生),受"高校扩招"影响(均为 1983—1986 年出生)的男女高中教育获得差距显著提高了 5.2% 左右。

(2) 使用倾向得分匹配(Propensity Score Matching,PSM)。本节使用倾向得分匹配(PSM)方法从 1983—1987 年出生的"有异性同胞"男女样本中(处理组),分别为 1979—1982 年出生的"有异性同胞"男女(控制组)匹配特征更为近似的群体。具体步骤如下:首先,选取协变量(Covariates)。为了尽可能满足条件独立假设(Conditional Independence Assumption,CIA),本节将可能会影响个体是否获得高中教育的变量均包括在内。选取的协变量包括:父母特征变量、个体特征变量、房子特征变量和户口城市固定效应(各变量设置和定义如附录二附表 2-1 所示)。其次,使用 Logit 模型对"有异性同胞"男女性个体,分别估计倾向得分数值。"有异性同胞"男女性个体的 Logistic 回归结果,如附录二附表 2-2 和表 2-3 第(1)列所示。最后,使用有放回匹配且允许并列的"一对一"匹配方法(the One-to-one Matching with Replacement and Allow Ties),对控制组和处理组的样本进行匹配。

"有异性同胞"男女性个体中,各协变量的数据平衡(the Data Balancing)结果,分别见附录二附表 2-2 和表 2-3 第(2)—(7)列。结果显示:相比于匹配前,匹配后控制组和处理组中,各协变量的标准偏差(Deviation Bias)出现了明显的下降:在"有异性同胞"男性样本中,控制组和处理组间各协变量的标准偏差由 8.6% 下降至 1.0%(见附录二附表 2-2);而在"有异性同胞"女性样本中,控制组和处理组间各协变量的标准偏差由 11.8% 下降至 1.1%(见附录二附表 2-3)。

最后,使用出生年份为 1979—1982 年的"有异性同胞"男女性个体样本,以及经 PSM 匹配后,出生年份为 1983—1987 年的"有异性同胞"男女性个体样本。然后,按照模型(3-7)重新实证回归,表 3-7 第(3)列的结果显示:"高校扩招"仍会显著扩大"有异性同胞"男女高中教育获得的差距,且估计系数大于表 3-4 的基准结果。作为稳健性检验,第(4)列使用出生年份为 1983—1987 年的"有异性同胞"男女性个体样本,以及经 PSM 匹配后,出生年份为 1979—1982 年的"有异性同胞"男女性个体样本进行实证回归,结论不变:"高校扩招"仍在 1%水平上显著扩大"有异性同胞"男女高中教育获得的差距,且估计系数大于表 3-4 的基准结果。

表 3-7 高校扩招前后的样本选择性偏误

"一个儿子和一个女儿"的家庭样本			倾向得分匹配方法(PSM)		
被解释变量	男女高中教育获得差距 (男-女):-1/0/1		被解释变量:是否获得高中教育 (1=高中及以上;0=初中毕业)		
出生年份均 为 A 或为 B	A=1979— 1982 &B= 1983—1987	A=1980— 1982 &B= 1983—1986	回归样本	1979—1982 &匹配 1983—1987	匹配 1979— 1982 & 1983—1987
回归序号	(1)	(2)	回归序号	(3)	(4)
男女出生 年份均为 B	0.038* (0.022)	0.052* (0.030)	男性×高校 扩招	0.053*** (0.012)	0.065*** (0.013)
出生年份差 值(男-女)	0.032*** (0.005)	0.030*** (0.008)	男性	是	是
			高校扩招	是	是
出生月份差 值(男-女)	-0.003* (0.002)	-0.000 (0.003)	控制变量	是	是
			年份/户口城市	是	是
样本量	2 847	1 553	样本量	24 003	40 492
R^2	0.022	0.015	R^2	0.112	0.113

注:①括号内为聚类到户口城市的稳健标准误;②*、**和***分别表示在10%、5%和1%水平上显著;③第(1)列的对照组均为 1979—1982 年出生;第(2)列的对照组均为1980—1982 年出生;④第(3)列的回归样本为出生年份为 1979—1982 年的"有异性同胞"男性个体,以及经 PSM 匹配后,出生年份为 1983—1987 年的"有异性同胞"男女性个体;第(4)列的回归样本为出生年份为 1983—1987 年的"有异性同胞"男女性个体,以及经 PSM 匹配后,出生年份为 1979—1982 年的"有异性同胞"男女性个体。限于篇幅,第(3)—(4)列的男性、高校扩招、控制变量(汉族、兄弟数量、姐妹数量、出生月份虚拟变量)、出生年份固定效应和户口城市固定效应变量的实证结果,未予列示。

五、考虑其他因素的干扰

表 3-4 基准结论可能会受到一些同期政策或宏观经济因素的干扰,譬如,

1978 年农村改革、1979 年计划生育政策。表 3-2 的理论模型分析发现,教育扩招影响男女教育获得差距的结论,可能会受到兄弟姐妹数量和家庭教育资源在教育扩招前后分布不同的干扰。本节通过控制政策实施强度变量、使用受政策影响较小的省份样本以及利用 PSM 方法,检验基准结论是否受这些政策和宏观经济因素的影响。

(1) 1979 年计划生育政策的影响。1979 年之后,各省各年份的计划生育政策实施强度不同,可能导致"有异性同胞"男女性个体的兄弟姐妹特征分布,在"高校扩招"前后出现差异。首先,表 3-8 第(1)列在基准回归的基础上,进一步控制个体所在户口省份对应年份(与出生年份一致)的超生罚款,及其与男性的交互项变量。各省 1979—2000 年的超生罚款数据来自埃本斯坦(Ebenstein, 2010),以各省家庭人均年可支配收入的倍数衡量。结果显示:"超生罚款"和"男性×超生罚款"变量均表现为正的不显著影响,而"男性×高校扩招"变量仍表现为正的显著,且估计系数与表 3-4 基准结果非常接近。

其次,为缓解计划生育政策的干扰,表 3-8 第(2)列在第(1)列的基础上,使用 1979—1987 年计划生育政策实施强度不大的省份,即选取 1979—1987 年超生罚款平均值低于全国中位数的省份[①]。结论不变:"超生罚款"和"男性×超生罚款"均表现为正的不显著影响,而"男性×高校扩招"变量仍表现为正的显著。

最后,由于 1979 年计划生育政策主要适用于汉族群体(Huang et al., 2016;Zhang,2017),表 3-8 第(3)列为使用少数民族群体进行实证回归。为减少"高校扩招"前后,"有异性同胞"男女性个体可能存在的样本选择偏误,与表 3-7 第(3)列类似,首先使用倾向得分匹配(PSM)方法构造匹配样本,然后再使用匹配样本进行实证回归。其中,PSM 估计所使用的各协变量设置和定

---

① 具体省份包括:北京、上海、江苏、浙江、安徽、福建、河南、湖北、湖南、四川、云南、西藏、陕西、甘肃和青海。

义,同表 3-7 第(3)列一致。PSM 结果显示:相比于匹配前,控制组和处理组间各协变量的标准偏差出现明显下降。在"有异性同胞"男性样本中,控制组和处理组间各协变量的标准偏差由 8.1%下降至 2.9%(见附录二附表 2-4);而在"有异性同胞"女性样本中,控制组和处理组间各协变量的标准偏差由 10.8%下降至 3.0%(见附录二附表 2-5)。然后,使用出生年份为 1979—1982 年的"有异性同胞"男女性个体样本,以及经 PSM 匹配后,出生年份为 1983—1987年的"有异性同胞"男女性个体样本。按照模型(3-7)重新实证回归。表 3-8第(3)列的实证结果显示:"男性×高校扩招"变量仍表现为正的显著。上述结果表明,即使考虑了 1979 年计划生育政策的影响,"高校扩招"仍会显著扩大"有异性同胞"男女高中教育获得的差距。

表 3-8　计划生育政策和农村改革的干扰

被解释变量	是否获得高中教育(1=高中及以上;0=初中毕业)					
考虑因素	计划生育政策的干扰			农村改革的干扰		
	控制超生罚款变量	超生罚款较低省份	少数民族:PSM	农村改革强度	安徽省和贵州省	城镇户口:PSM
回归序号	(1)	(2)	(3)	(4)	(5)	(6)
男性×高校扩招	0.019***	0.031***	0.097*	0.021***	0.050**	0.079***
	(0.006)	(0.009)	(0.050)	(0.007)	(0.023)	(0.023)
男性×超生罚款	0.005	0.021				
	(0.014)	(0.017)				
超生罚款	0.019	0.011				
	(0.015)	(0.018)				
男性×农村改革强度				−0.027		
				(0.018)		
农村改革强度				0.025*		
				(0.014)		
男性	是	是	是	是	是	是
高校扩招	是	是	是	是	是	是
控制变量	是	是	是	是	是	是
出生年份固定效应	是	是	是	是	是	是

续表

被解释变量	是否获得高中教育(1=高中及以上;0=初中毕业)					
考虑因素	计划生育政策的干扰			农村改革的干扰		
	控制超生罚款变量	超生罚款较低省份	少数民族:PSM	农村改革强度	安徽省和贵州省	城镇户口:PSM
回归序号	(1)	(2)	(3)	(4)	(5)	(6)
户口城市固定效应	是	是	是	是	是	是
样本量	158 110	67 952	2 384	144 627	10 724	5 019
R^2	0.092	0.085	0.150	0.093	0.062	0.153

注：①括号内为聚类到户口城市的稳健标准误差；②＊、＊＊和＊＊＊分别表示在10%、5%和1%水平上显著。限于篇幅，男性、高校扩招、控制变量(汉族、兄弟数量、姐妹数量、出生月份虚拟变量)、出生年份固定效应和户口城市固定效应变量的实证结果，未予列示。

(2) 1978年农村改革的影响。1978年末，中国农村地区进行了"家庭联产承包责任制""政府收购粮食的价格调整"等与市场化相关的改革(Lin，1987，1992)。林毅夫(Lin，1992)研究发现：1978—1984年间的农业产值增长主要由"家庭联产承包责任制"和"政府收购粮食的价格调整"导致的，前者对这一期间的农业产值增长贡献程度达到50%左右。由于这一期间的农村改革可能会通过影响个体童年时期的家庭收入和营养摄入，进而影响个体未来"初中升高中"升学概率。本节检验基准结论是否受1978年农村改革的影响。

首先，使用个体户口所在省份农村居民家庭人均纯收入的增长率作为各省农村改革的实施强度衡量指标，定义如下：

$$\Delta Net\_income_{m,j} = \frac{Net\_income_{m,j} - Net\_income_{m,j-1}}{Net\_income_{m,1978}} \qquad (3-8)$$

其中，$Net\_income_{m,j}$表示户口所在省份 m 在 j 年份农村居民家庭人均纯收入。限于数据获得，以及考虑到1978年农村居民家庭的人均纯收入受农村改革影响较小，以1978年农村居民家庭人均纯收入作为基准，计算各省份

1979—1987 年各年份农村居民家庭人均纯收入的增长率。为了控制农村改革实施强度的影响,在模型(3-7)的基础上,进一步纳入农村改革实施强度,及其与男性的交互项变量。表 3-8 第(4)列实证结果显示:"男性×高校扩招"变量仍在 1% 水平上表现为正的显著,且估计系数与表 3-4 基准结果非常接近。

其次,由于"家庭联产承包责任制"并未在各省农村地区全面实施,若"高校扩招"实施的时间点恰好为"家庭联产承包责任制"发生的时间点,这将导致基准结论可能捕捉的是"家庭联产承包责任制"影响。考虑到:截至 1980 年,安徽省已有 21% 的农村生产队采用了"家庭联产承包责任制"(Bramall,2004),以及在 1981 年之前,贵州省已有近 50% 的农村生产队采用了"家庭联产承包责任制"(Chung,2000),仅使用户口省份为安徽省和贵州省的"有异性同胞"男女性个体样本,能在一定程度上缓解基准结论受"家庭联产承包责任制"的影响。表 3-8 第(5)列的实证结果表明,即便仅使用户口省份为安徽和贵州的"有异性同胞"男女性个体样本,结论不变:"男性×高校扩招"变量仍为正的显著。

最后,表 3-8 第(6)列仅使用城镇户口群体进行实证回归。为减少"高校扩招"前后"有异性同胞"男女性个体可能存在样本选择偏误,与表 3-7 第(3)列类似,首先使用倾向得分匹配(PSM)方法构造匹配样本,然后再进行实证回归。其中,PSM 估计所使用的各协变量设置和定义,同表 3-7 第(3)列一致。倾向得分匹配后的结果显示:相比于匹配前,控制组和处理组间各协变量的标准偏差出现明显的下降。在"有异性同胞"男性样本中,控制组和处理组间各协变量的标准偏差由 7.2% 下降至 3.7%(见附录二附表 2-6);而在"有异性同胞"女性样本中,控制组和处理组间各协变量的标准偏差由 5.7% 下降至 2.4%(见附录二附表 2-7)。然后,使用出生年份为 1979—1982 年的"有异性同胞"男女性个体样本,以及经 PSM 匹配后,出生年份为 1983—1987 年的"有异性同胞"男女性个体样本。按照模型(3-7)的回归思路重新实证。表 3-8 第(6)列实证结果显示:"男性×高校扩招"变量仍为正的显著。上述一系列实证结果表明,即便考虑了 1978 年农村改革的影响,"高校扩招"仍会显著地扩大"有异性同胞"男女高中教育获得的差距。

上述的平行趋势假设检验,以及一系列稳健性检验,安慰剂检验等结果均显示:"高校扩招"会显著扩大"有异性同胞"男女高中教育获得差距,这一结论是相当稳健的。

第六节　"高校扩招"为什么会扩大高中教育的性别差距

一、"重男轻女"观念能解释基准结论吗?

本章认为父母的"重男轻女"观念是导致"高校扩招"显著扩大"有异性同胞"男女高中教育获得差距的重要原因。然而,正如表 3-2 的理论分析结果所述:若男性的能力优于女性,那么父母的"重男轻女"观念解释力便会大大下降。例如,在表 3-2 第Ⅳ类家庭中,当教育扩招降低男女获得教育的最低能力要求时,如果男性的能力优于女性,那么他将获得更多的教育资源,从而提高获得教育的概率。假如这一途径存在,即便父母不存在"重男轻女"观念,教育扩招仍会扩大"有异性同胞"男女教育获得的差距。

由于中国实施九年义务教育,本节以个体的初中学业成绩高低作为其能力相对大小的衡量指标[①],并分析仅依赖"学业成绩的性别差异"是否能解释"高校扩招"扩大"有异性同胞"男女高中教育获得的差距。如下文所述,"高校扩招"显著扩大"有异性同胞"男女高中教育获得的差距,需要由"学业成绩的性别差异"和父母的"重男轻女"观念两种渠道的联合作用来解释。

首先,表 3-9 利用 2013—2014 学年中国教育追踪调查数据,研究男女初中

[①]　如本章第二节所述,"能力"是一个广泛定义的衡量标准,包括个体先天能力和后天的努力程度。这也是父母决定是否值得花钱帮助孩子提高学习成绩的一个重要指标。

学业成绩是否存在显著差异。第(1)—(6)列为使用全样本进行实证回归,第(7)—(12)列为使用"有异性同胞"男女性个体样本进行实证回归。其中,第(1)—(3)列和第(7)—(9)列为研究男女性个体的语文、数学和英语初中考试成绩是否存在显著差异;各初中考试成绩变量取对数形式。第(4)—(6)列和第(10)—(12)列为研究男女性个体上课迟到、逃课和被老师批评的概率是否存在显著差异。个体上课迟到、逃课和被老师批评的变量,定义如下:关于学校生活,你是否同意下列说法:我经常迟到/逃课/班主任老师经常批评我。将其设置为虚拟变量,1=比较同意或完全同意;0=完全不同意或比较不同意。实证结果显示:无论是全样本,还是"有异性同胞"子样本中,在控制了校级固定效应和年级固定效应之后,男性的语文、数学和英语考试成绩均在1%水平上显著低于女性[见表3-9第(1)—(3)列和第(7)—(9)列]。此外,男性迟到、逃课和被班主任批评的概率高于女性[见表3-9第(4)—(6)列和第(10)—(12)列]。

表3-9　男女初中学业成绩的差异:2013—2014 学年 CEPS

被解释变量	初中学业成绩			迟到	逃课	被老师批评
	语文成绩（对数）	数学成绩（对数）	英语成绩（对数）			
回归样本	全样本					
回归序号	(1)	(2)	(3)	(4)	(5)	(6)
男性	−0.111***	−0.074***	−0.212***	0.014***	0.006**	0.084***
	(0.008)	(0.010)	(0.011)	(0.004)	(0.002)	(0.005)
年级固定效应	是	是	是	是	是	是
校级固定效应	是	是	是	是	是	是
样本量	18 735	18 725	18 731	19 084	19 075	18 998
R^2	0.430	0.228	0.355	0.022	0.017	0.028

续表

	初中学业成绩			迟到	逃课	被老师批评
	语文成绩（对数）	语文成绩（对数）	语文成绩（对数）			
	"有异性同胞"的男女生样本					
	(7)	(8)	(9)	(10)	(11)	(12)
男性	−0.118***	−0.072***	−0.238***	0.007	0.004	0.070***
	(0.009)	(0.014)	(0.014)	(0.006)	(0.004)	(0.008)
年级固定效应	是	是	是	是	是	是
校级固定效应	是	是	是	是	是	是
样本量	7 842	7 834	7 843	8 004	7 998	7 964
R^2	0.391	0.190	0.346	0.026	0.019	0.030

注：①括号内为聚类到学校层面的稳健标准误；②＊、＊＊和＊＊＊分别表示在10%、5%和1%水平上显著。

其次，图3-5利用2005年1%人口抽样调查数据，绘制了出生年份为1975—1987年"有异性同胞"男女初中辍学或肄业比例的变动趋势图。其中，个体初中辍学或肄业变量定义如下：1＝受教育程度为初中辍学或肄业，0＝受教育程度为初中毕业及以上。结果显示：在1975—1987年出生的"有异性同胞"男女性个体中，男性初中辍学或肄业比例高于女性。

图3-5 "有异性同胞"男女性个体初中辍学或"肄业"比例的变动趋势图
数据来源：2005年1%人口普查数据。

最后,表3-10利用2005年1%人口抽样调查数据中的独生子女样本,按照模型(3-7)的实证思路,研究"高校扩招"对独生男女高中教育获得差距的影响,以此推断男女初中学业成绩的差异。其中,第(1)列无控制其他特征变量,第(2)列为控制个体特征变量(汉族和出生月份虚拟变量)、出生年份固定效应和户口城市固定效应。结果显示,"男性×高校扩招"变量在1%水平上表现为负的显著。这表明,当男女性个体从家庭内部获得教育资源,受父母"重男轻女"观念影响较小时,相比于独生男孩,独生女孩能从"高校扩招"中获益更多。这一发现与表3-9和图3-5的发现是一致的:女性的初中学业成绩优于男性。

表3-10   男女初中学业成绩的差异:高校扩招对独生男女高中教育差距的影响

	被解释变量:是否获得高中教育(1=高中及以上;0=初中毕业)	
	(1)	(2)
男性×高校扩招	−0.047***	−0.034***
	(0.009)	(0.010)
男性	0.003	0.003
	(0.012)	(0.010)
高校扩招	0.099***	0.178***
	(0.009)	(0.019)
控制变量		是
出生年份固定效应		是
户口城市固定效应		是
样本量	56 269	56 269
R^2	0.008	0.179

注:①括号内为聚类到户口城市层面的稳健标准误;②＊、＊＊和＊＊＊分别表示在10%、5%和1%水平上显著。限于篇幅,控制变量(汉族和出生月份虚拟变量)、出生年份固定效应和户口城市固定效应变量的实证结果,未予列示。

结合上述男女初中学业成绩的差异和表3-4的基准结果发现:表3-2第Ⅱ类和第Ⅳ类家庭是解释"高校扩招"显著扩大"有异性同胞"男女高中教育获

得差距的核心家庭类型。假如第Ⅱ类家庭是最主要的家庭类型,那么在"高校扩招"之后,由于部分教育资源被男性个体挤占,"有异性同胞"女性个体获得高中教育比例应会下降。然而,这与另一实证结果并不一致:相比于1979—1982年出生的"有异性同胞"男性和女性,1983—1987年出生的"有异性同胞"男性和女性,其获得高中教育的比例分别高8.9%和6%。因此,第Ⅱ类家庭不太可能是导致"高校扩招"显著扩大"有异性同胞"男女高中教育获得差距的核心家庭类型。结合女性初中学业成绩优于男性的实证结果,仅有当父母存在"重男轻女"观念时,第Ⅳ类家庭才是导致"高校扩招"显著扩大"有异性同胞"男女高中教育获得差距的核心家庭类型。

图3-6利用2005年1%人口抽样数据,使用仅有"一个儿子和一个女儿",且"儿子和女儿"的出生年份均为1979—1982年或1983—1987年的家庭样本。绘制四类家庭的男女高中教育获得比例在"高校扩招"前后的变动情况,其中,第Ⅰ类家庭为儿子和女儿均能获得高中教育;第Ⅱ类家庭为儿子无获得高中教育,但女儿获得高中教育;第Ⅲ类家庭为儿子获得高中教育,但女儿无获得高中教育;第Ⅳ类家庭为儿子和女儿均无获得高中教育。结果显示:第Ⅰ类家庭、第Ⅱ类家庭的比例在"高校扩招"前后变化不大。然而,相比于"高校扩招"前,第Ⅳ类家庭的比例在"高校扩招"后下降3.88%;相反,第Ⅲ类家庭的比例在"高

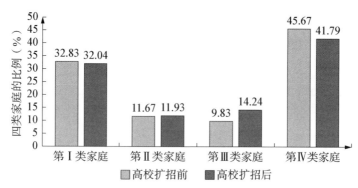

图3-6 "一儿一女"家庭男女获得高中教育比例的变动情况(高校扩招前后)
数据来源:2005年1%人口普查数据。

校扩招"后上升 4.41%。这表明,表 3-2 中第Ⅳ类家庭确实是导致"高校扩招"扩大"有异性同胞"男女高中教育获得差距的核心家庭类型。

综上所述,由于女性的初中学业成绩优于男性,以及在"高校扩招"后,"有异性同胞"女性个体获得高中教育的比例呈上升趋势,父母的"重男轻女"观念是导致"高校扩招"显著扩大"有异性同胞"男女高中教育获得差距的核心原因。

二、支持"重男轻女"观念能解释基准结论的经验证据

本节为"重男轻女"能解释"高校扩招"扩大"有异性同胞"男女高中教育获得的差距提供相关经验证据。现有不少文献研究发现,当存在生育数量约束时,中国父母在生育小孩选择上存在明显的"重男轻女"倾向,从而导致高男女性别比现象。例如,埃本斯坦(Ebenstein,2010)、李宏彬等人(Li et al.,2011)等文献研究发现,中国"一孩政策"显著提高了 1979 年之后出生人口的男女性别比(男/女)。张川川和马光荣(2017)指出,只有存在"重男轻女"观念情况下,"一孩政策"才会导致男女性别比失衡。鉴于此,本节尝试使用各户口城市1979—1987 年间出生人口男女性别比高低作为其"重男轻女"观念强弱的衡量指标。

具体计算方式如下:对于每一个户口城市,首先,使用 1990 年人口普查数据,计算各户口城市出生年份为 1979—1987 年的男女性别比。然后,将所有户口城市划分为两组:"重男轻女"观念较强(如果男女性别比大于 1.07[①])和"重男轻女"观念较弱(如果男女性别比不大于 1.07)。最后,按照基准回归思路,分样本实证回归。表 3-11 第(1)—(2)列的实证结果显示:"高校扩招"扩大"有异性同胞"男女高中教育获得差距的结果,仅在"重男轻女"观念较强的户口城市样本中显著存在,而在"重男轻女"观念较弱的户口城市则呈不显著影响。

作为稳健性检验,表 3-11 第(3)—(4)列为使用男女性别比是否大于1.082 作为划分"重男轻女"观念强弱户口城市的衡量指标。1.082 是 1979—

---

① 李宏彬等人(Li et al.,2011)指出新生儿的男女性别比正常范围应为 1.03~1.07 之间。

1987年出生的男女性别比中位数。实证结论不变。这表明"重男轻女"观念确实是"高校扩招"显著扩大"有异性同胞"男女高中教育获得差距的重要原因。

表 3 - 11　"重男轻女"的经验证据

被解释变量	是否获得高中教育(1＝高中及以上;0＝初中毕业)			
"重男轻女"强弱 （衡量指标）	（强）男女性别 比＞1.07	（弱）男女性别 比≤1.07	（强）男女性别 比＞1.082	（弱）男女性别 比≤1.082
回归序号	(1)	(2)	(3)	(4)
男性×高校扩招	0.025*** (0.009)	0.008 (0.008)	0.027*** (0.010)	0.009 (0.007)
男性	是	是	是	是
高校扩招	是	是	是	是
控制变量	是	是	是	是
出生年份固定效应	是	是	是	是
户口城市固定效应	是	是	是	是
样本量	98 120	59 990	84 956	73 154
R^2	0.091	0.093	0.096	0.086

注：①括号内为聚类到户口城市层面的稳健标准误；② ＊、＊＊和＊＊＊分别表示在10%、5%和1%水平上显著。限于篇幅，男性、高校扩招、控制变量（汉族、兄弟数量、姐妹数量、出生月份虚拟变量）、出生年份固定效应和户口城市固定效应变量的实证结果，未予列示。

第七节　本章小结

本章以教育供给方的特征变动为切入点，研究当存在"重男轻女"观念时，教育供给增加会如何影响父母在儿子和女儿间的教育资源分配决策，继而影响男女教育获得的差距。使用2005年1%人口抽样调查数据，利用1999年"高校扩招"作为一项准自然实验，实证发现：首先，"高校扩招"会显著扩大"有异性同胞"男女高中教育获得的差距。即便进行了平行趋势假设检验、校正"高校扩招"前后可能存在的样本选择偏误、考虑同期政策的干扰（包括1978年农村改革和 1979 年计划生育政策），以及一系列稳健性检验和安慰剂检验之后，结论不变。

接着，利用 2013—2014 学年中国教育追踪调查数据和 2005 年 1% 人口抽样调查数据，研究发现：女性的初中学业成绩优于男性；以及在"高校扩招"之后，"有异性同胞"女性个体获得高中教育的比例呈上升趋势。结合本章构建的理论模型，分析发现父母的"重男轻女"观念是导致"高校扩招"显著扩大"有异性同胞"男女高中教育获得差距的重要原因。

最后，以各户口城市相应出生年份的男女性别比高低作为其"重男轻女"观念强弱的衡量指标，分样本实证回归发现："高校扩招"显著扩大"有异性同胞"男女高中教育获得差距的结果，仅在"重男轻女"观念较强的户口城市样本中显著存在，而在"重男轻女"观念较弱的户口城市则呈不显著影响，这是"重男轻女"观念能解释"高校扩招"扩大"有异性同胞"男女高中教育获得差距的重要证据。

第四章 "Q-Q理论"与人力资本的外部性影响——理论分析与来自中国的经验证据

第一节 引言

人口数量和质量的权衡理论是劳动经济学家长期关注的一个重要命题。阿纳斯塔西(Anastasi,1956)提出"同胞资源稀释假说"(Siblings Resource-Dilution Hypothesis)。具体指,在家庭预算约束下,兄弟姐妹数量的增加会减少父母分配给每个小孩的资源。贝克尔和刘易斯(Becker and Lewis,1973)首次构建一个经济理论模型,分析父母如何在小孩数量和质量间分配资源的经济决策(Q-Q理论)。随后,一系列文献分别从理论和实证视角,拓展和验证贝克尔和刘易斯(Becker and Lewis,1973)的Q-Q理论。其中,贝克尔和托姆斯(Becker and Tomes,1976)基于小孩禀赋视角,拓展Q-Q理论;罗森茨威格和沃尔平(Rosenzweig and Wolpin,1982)基于生育成本变动视角,拓展Q-Q理论。实证方面,罗森茨威格和沃尔平(Rosenzweig and Wolpin,1982)、李宏彬等人(Li et al.,2008)、钱楠筠(Qian,2009)、安格里斯特等人(Angrist et al.,2010)、秦雪征等人(Qin et al.,2017)、李冰靖和张宏亮(Li and Zhang,2017)等基于父母生育成本变动视角,以受教育程度作为小孩质量的衡量指标,考察个体同胞数量与其受教育程度的关系[①]。

[①] 绝大多数文献实证发现两者存在显著的负向关系(Rosenzweig and Wolpin,1982;Li et al.,2008;Rosenzweig and Zhang,2009;Li and Zhang,2017)。然而,也有少数文献发现两者间存在显著正向关系(Black et al.,2005;Angrist et al.,2010;Liu,2014),或不存在显著关系(Qian,2009;Lordan and Frijters,2013)。

然而,既有 Q-Q 理论文献忽略了"父母在小孩数量和质量间的资源分配决策"可能产生的外部性影响。以个体的受教育程度为例,既有的 Q-Q 理论文献聚焦于分析在预算约束下,家庭内部父母如何在小孩数量和质量间分配资源,继而影响个体的受教育程度。但是,父母在小孩数量和质量间的资源分配决策,不仅会影响个体的教育获得,也会影响同一区域其他家庭个体的教育获得。若不考虑父母资源分配决策产生的外部性影响,在研究父母生育成本变动(同胞数量)如何影响个体受教育程度时,其估计结果可能是有偏的,甚至会出现错误的结论。

本章将外部性因素植入至贝克尔和刘易斯(Becker and Lewis,1973)的 Q-Q 理论中,并利用中国 1979 年"一孩政策"作为一个外生冲击,实证研究家庭内部父母在小孩数量与质量的权衡经济决策所引致的外部性,会如何影响个体的教育获得。传统的 Q-Q 理论只关注家庭内部的经济决策,然而,整个社会所有家庭的集体决策则会通过外部数量和质量渠道对个体的教育获得产生反馈效应,继而影响总教育产出。构建理论模型分析发现:父母生育成本上升会降低小孩的数量,但对小孩质量的影响取决于"价格效应"和"分配收入效应"的相对大小。当不考虑外部性时,父母生育成本上升主要通过"个体质量"渠道,影响个体获得教育的概率。但是,当考虑外部性时,父母生育成本上升会通过个体质量、外部数量和外部质量渠道,影响个体获得教育的概率。进一步,在同质性家庭假设下,分析发现:父母生育成本上升对个体教育获得概率的净效应,主要取决于"外部数量"渠道,且其影响方向是正的。

实证上,本章通过研究各城市"一孩政策"实施强度如何影响个体高中教育获得的概率,以识别父母生育成本上升如何通过个体质量、外部数量和外部质量渠道,影响个体获得教育的概率。以是否获得高中教育为研究对象的原因是:(1)中国的义务教育止于初中阶段,高中教育是研究中国教育不平等的始点;(2)受中国户籍制度影响,个体在进行"初中升高中"教育升学决策时,面对的外部竞争者主要是同一户口城市个体,这为识别"父母在小孩数量和质量间的教育资源分配决策"的外部性影响,提供了一个恰到好处的区位空间。

本章实证的关键点在于:识别各城市"一孩政策"实施强度是如何通过个体质量、外部数量和外部质量渠道,影响个体获得高中教育的概率。以 1979 年出生的个体为例,1979 年"一孩政策"的实施强度会影响 1979 年父母的生育成本,继而影响 1979 年小孩出生的数量,进而影响个体获得高中教育的概率,这一渠道捕捉"外部数量"效应的影响。然而,1979 年之后"一孩政策"的实施强度则会影响 1979 年之后父母的生育成本,继而影响 1979 年出生个体的弟弟或妹妹数量及其质量,进而影响个体获得高中教育的概率,这一渠道捕捉"个体质量"和"外部质量"联合效应的影响。鉴于此,本章通过研究各城市 t 年及之后"一孩政策"的实施强度如何影响 t 年出生个体获得高中教育的概率($t \geqslant$ 1979),以识别父母生育成本上升通过个体质量、外部数量和外部质量,影响个体获得高中教育概率的净效应。

利用 2000 年和 2005 年人口普查数据,以各户口城市 t 年及之前出生的汉族独生子女数量变化情况衡量其 t 年及之后"一孩政策"的实施强度,研究发现:各城市 t 年及之后"一孩政策"实施强度会显著提高 t 年出生个体获得高中教育的概率。即便以同一省份其他城市 t 年及之后"一孩政策"的实施强度作为工具变量,使用两阶段最小二乘法校正可能存在的内生性偏误,以及进行一系列稳健性检验之后,结论不变。这表明父母生育成本上升通过个体质量、外部数量和外部质量渠道,影响个体获得高中教育概率的净效应是正的。

接着,以各户口城市 t 年出生的汉族男女性别比衡量其 t 年"一孩政策"的实施强度,研究发现:各城市 t 年"一孩政策"的实施强度会显著提高 t 年出生个体的高中教育获得概率。即便以同一省份其他城市 t 年"一孩政策"的实施强度作为工具变量,使用两阶段最小二乘法校正可能存在的内生性偏误,以及进行相关安慰剂检验之后,结论不变。这表明父母生育成本上升通过外部数量渠道,影响个体获得高中教育概率的净效应是正的。

本章的结构安排如下:第二节构建一个理论模型,分析父母生育成本变动如何通过个体质量、外部数量和外部质量渠道,影响个体获得教育的概率;第三节介绍"一孩政策"的实施背景;第四节介绍各城市"一孩政策"实施强度的衡量指标;第五节介绍本章实证回归使用的数据、计量模型的构建,以及汇报和分析各城市"一孩政策"实施强度影响个体高中教育获得概率的结果;最后是本章的小结。

第二节 构建理论模型

本节构建一个理论模型,以生育成本变动为切入点,讨论"父母在小孩数量和质量间的资源分配经济决策"可能产生的外部性影响。具体分两步讨论:首先,分析父母生育成本变动如何影响小孩的数量和质量;其次,分析父母生育成本变动如何通过个体质量、外部数量和外部质量渠道,影响个体的教育获得。

一、生育成本变动如何影响小孩数量和质量

假设整个社会的家庭数量是 L,家庭 i 的收入是 I_i,小孩数量是 n_i,每个小孩是同质的,质量是 q_i。家庭 i 的效用 U_i^H 取决于: n_i 小孩拟获得教育的期望效用和消费其他商品的效用,具体表示如下:

$$U_i^H = n_i \cdot \mathrm{E}[\mathrm{U}(C_i^e)] + \varphi \cdot \mathrm{U}(C_i^y) \qquad (4-1)$$

其中,$\mathrm{E}[\mathrm{U}(C_i^e)]$ 表示家庭 i 每个小孩拟获得教育的期望效用。$\mathrm{U}(C_i^y)$ 表示家庭 i 消费其他商品 C_i^y 的效用。C 表示消费量。φ 表示消费其他商品的效用权重。每个小孩拟获得教育的期望效用 $\mathrm{E}[\mathrm{U}(C_i^e)]$,可表示为:

$$
\begin{aligned}
\mathrm{E}[\mathrm{U}(C_i^e)] = {} & \mathrm{P}(q_i, N, \bar{q}, S) \cdot \mathrm{U}(C_i^{yes}) + \\
& [1 - \mathrm{P}(q_i, N, \bar{q}, S)] \cdot \mathrm{U}(C_i^{no})
\end{aligned}
\qquad (4-2)
$$

式(4-2)中,$\mathrm{P}(q_i, N, \bar{q}, S)$ 表示家庭 i 小孩获得教育的概率,其取值范

围为$(0，1)$。其中，q_i 表示家庭 i 小孩的质量；N 表示小孩的总数量，$N = \sum_{i=1}^{L} n_i$；$\bar{q}$ 表示小孩的平均质量，$\bar{q} = \dfrac{\sum_{i=1}^{L} n_i \times q_i}{N}$；$S$ 表示教育供给量。

$U(C_i^{yes})$ 表示家庭 i 小孩获得教育的效用水平，而 $U(C_i^{no})$ 表示家庭 i 小孩得不到教育的效用水平。个体获得教育概率 $P(q_i，N，\bar{q}，S)$ 的函数形式，设置为：

$$P(q_i，N，\bar{q}，S) = \alpha \cdot \left(\frac{S}{N}\right)^{\theta_1} \cdot \left(\frac{q_i}{\bar{q}}\right)^{\theta_2} \tag{4-3}$$

式$(4-3)$中，$\dfrac{S}{N}$ 表示每一小孩获得教育的供给量；$\dfrac{q_i}{\bar{q}}$ 表示家庭 i 小孩的相对质量高低；$\theta_1 \in (0，1)$，$\theta_2 \in (0，1)$。个体获得的教育供给量 $\dfrac{S}{N}$ 越多，相对质量 $\dfrac{q_i}{\bar{q}}$ 越高，获得教育的概率 $P(q_i，N，\bar{q}，S)$ 越大。α 表示常数，以确保个体获得教育的概率小于 1。为简化分析，将个体获得教育的效用水平 $U(C_i^{yes})$ 设置为 1，得不到教育的效用水平 $U(C_i^{no})$ 设置为 0。消费其他商品的效用 $U(C_i^{y})$，使用相对风险规避系数不变（Coefficient of Relative Risk Aversion，CRRA）的效用函数形式表示，$\dfrac{y_i^{1-\sigma}}{1-\sigma}$，$\sigma \in (0，1)$。因此，家庭效用函数 U_i^H 可简化为以下形式：

$$U_i^H = n_i \cdot \alpha \cdot \left(\frac{S}{N}\right)^{\theta_1} \cdot \left(\frac{q_i}{\bar{q}}\right)^{\theta_2} + \varphi \cdot \frac{y_i^{1-\sigma}}{1-\sigma} \tag{4-4}$$

在预算约束条件式$(4-5)$下，父母将最大化其家庭效用 U_i^H。

$$I_i = \pi_n n_i + \pi_q q_i + \pi n_i q_i + \pi_y y_i \tag{4-5}$$

其中，I_i 表示家庭的收入；π_n 和 π_q 是固定成本，$\pi_n n_i$ 是独立于 q_i，生育小孩数量 n_i 的总成本；而 $\pi_q q_i$ 是独立于 n_i，培养能力为 q_i 小孩的成本；由于生育"能力越高"小孩的成本越高(非线性关系),与贝克尔和刘易斯(Becker and Lewis,1973)、罗森茨威格和沃尔平(Rosenzweig and Wolpin,1982)的研究一致,使用 π 表示生育不同能力小孩的边际成本; π_y 表示其他商品 y_i 的价格。为简化分析,假设 π 和 π_y 是相对不变的。

接下来,分析生育成本 π_n 变动如何影响小孩的数量 n_i 和质量 q_i。具体而言,分两步进行讨论:第一步,分配收入效应(the Allocational Income Effect)。当生育成本 π_n 发生变动时,父母需要在子女教育支出和消费其他商品两者间重新分配家庭收入,以使家庭总效用最大化。家庭总效用和预算约束函数,可转变为式(4-6)和(4-7):

$$U_i^H = V(\pi_n, \pi_q, \pi, M_i) + \varphi \cdot \frac{y_i^{1-\sigma}}{1-\sigma} \tag{4-6}$$

$$I_i = M_i + \pi_y y_i \tag{4-7}$$

其中, $V(\pi_n, \pi_q, \pi, M_i)$ 表示子女获得教育的间接效用函数(the Indirect Utility Function),等价于直接效用函数 $U\left[n(\pi_n, \pi_q, \pi, M_i), \dfrac{S}{N}, \dfrac{q(\pi_n, \pi_q, \pi, M_i)}{\overline{q}}\right]$; M_i 表示父母在子女教育上的支出。

第二步,价格效应(the Price Effect)。在给定子女的教育支出 M_i 之后,当生育成本 π_n 发生变动时,父母需要在子女数量 n_i 和质量 q_i 两者间重新分配教育资源,以使子女获得教育的效用 $U\left[n(\pi_n, \pi_q, \pi, M_i), \dfrac{S}{N}, \dfrac{q(\pi_n, \pi_q, \pi, M_i)}{\overline{q}}\right]$ 最大化,子女获得教育的效用函数和预算约束分别如式(4-8)、(4-9)所示:

$$U\left[n(\pi_n, \pi_q, \pi, M_i), \frac{S}{N}, \frac{q(\pi_n, \pi_q, \pi, M_i)}{\overline{q}}\right] = n_i \cdot \alpha \cdot \left(\frac{S}{N}\right)^{\theta_1} \cdot \left(\frac{q_i}{\overline{q}}\right)^{\theta_2}$$

$$\tag{4-8}$$

$$M_i = \pi_n n_i + \pi_q q_i + \pi n_i q_i \qquad (4-9)$$

本节采用类似"向后归纳"方法,分析生育成本 π_n 变动如何影响小孩的数量 n_i 和质量 q_i:

首先,价格效应。结合式(4-8)和(4-9),构建拉格朗日函数,并对子女数量 n_i 和质量 q_i 求一阶导数(First-order Conditions,FOC),发现:

$$MU_n = \alpha \cdot \left(\frac{S}{N}\right)^{\theta_1} \cdot \left(\frac{q_i}{\bar{q}}\right)^{\theta_2} = \gamma(\pi_n + q_i \pi) \qquad (4-10)$$

$$MU_q = n_i \alpha \cdot \left(\frac{S}{N}\right)^{\theta_1} \cdot \theta_2 \left(\frac{q_i}{\bar{q}}\right)^{\theta_2-1} \frac{1}{\bar{q}} = \gamma(\pi_q + n_i \pi) \qquad (4-11)$$

$$MU_\gamma = M_i - \pi_n n_i - \pi_q q_i - \pi n_i q_i = 0 \qquad (4-12)$$

其中,MU_n、MU_q 和 MU_γ 分别表示对 n_i、q_i 和 γ 的边际效用。γ 是拉格朗日乘子,表示父母对子女教育支出的边际效用。对式(4-10)—(4-12)求解,可得:

$$n(\pi_n, \pi_q, \pi, M_i) = \frac{A}{2\pi_n \pi} \qquad (4-13)$$

$$q(\pi_n, \pi_q, \pi, M_i) = \frac{\theta_2 \pi_n A}{2\pi_n \pi_q \pi + (1-\theta_2)\pi A} \qquad (4-14)$$

其中,$A = \sqrt{[(1+\theta_2)\pi_n \pi_q - (1-\theta_2)\pi M_i]^2 + 4\pi_n \pi_q \pi M_i} - [(1+\theta_2)\pi_n \pi_q - (1-\theta_2)\pi M_i]$。生育成本 π_n 通过"价格效应"影响小孩数量 n_i 和质量 q_i 的结果,如表4-1第一部分所示:生育成本 π_n 上升会降低小孩数量 n_i,提高小孩质量 q_i。此外,父母对子女教育的支出 M_i 增加能提高小孩数量 n_i 和质量 q_i(具体推导过程见附录一"一、价格效应")。

其次,分配收入效应。生育成本 π_n 变动,会通过影响父母在子女教育支出和其他商品消费两者间的收入分配决策,进而影响小孩的数量 n_i 和质量 q_i。具体结果如表4-1第二部分所示:生育成本 π_n 上升,导致子女获得教育

的效用水平 $V(\pi_n, \pi_q, \pi, M_i)$ 下降；为使家庭总效用最大化，父母将在子女教育支出和其他商品消费两者间重新分配收入，具体为将更多的收入分配至其他商品消费，而减少对子女的教育支出 M_i。子女教育支出 M_i 的下降将减少小孩的数量 n_i 和质量 q_i。因此，生育成本 π_n 上升会通过"分配收入效应"渠道，降低小孩数量 n_i 和质量 q_i（具体推导过程见附录一"二、分配收入效应"）。

结合生育成本 π_n 上升引致的"价格效应"和"分配收入效应"结果，可推断生育成本 π_n 上升对小孩数量 n_i 和质量 q_i 的总效应。具体结果如表 4-1 第三部分所示。其中，由于生育成本 π_n 上升通过"价格效应" $PE\left(\dfrac{\partial n_i}{\partial \pi_n}\right)$ 和"分配收入效应" $IE\left(\dfrac{\partial n_i}{\partial \pi_n}\right)$ 对小孩数量的影响均为负，此时，生育成本 π_n 上升对小孩数量 n_i 的总效应是负的；不过，对小孩质量 q_i 的总效应则取决于"价格效应" $PE\left(\dfrac{\partial q_i}{\partial \pi_n}\right)$ 和"分配收入效应" $IE\left(\dfrac{\partial q_i}{\partial \pi_n}\right)$ 两者的相对大小，具体有以下三种情况：

（1）假如生育成本 π_n 上升通过"价格效应"渠道对小孩质量 q_i 的正向作用 $PE\left(\dfrac{\partial q_i}{\partial \pi_n}\right)$，大于通过"分配收入效应"对小孩质量 q_i 的负向作用 $IE\left(\dfrac{\partial q_i}{\partial \pi_n}\right)$，那么生育成本 π_n 上升对小孩质量 q_i 的总效应是正的，即 $\dfrac{\partial q_i}{\partial \pi_n} > 0$。

（2）假如生育成本 π_n 上升通过"价格效应"渠道对小孩质量 q_i 的正向作用 $PE\left(\dfrac{\partial q_i}{\partial \pi_n}\right)$，小于通过"分配收入效应"对小孩质量 q_i 的负向作用 $IE\left(\dfrac{\partial q_i}{\partial \pi_n}\right)$，那么生育成本 π_n 上升对小孩质量 q_i 的总效应是负的，即 $\dfrac{\partial q_i}{\partial \pi_n} < 0$。

（3）假如生育成本 π_n 上升通过"价格效应"渠道对小孩质量 q_i 的正向作用 $PE\left(\dfrac{\partial q_i}{\partial \pi_n}\right)$，等于通过"分配收入效应"对小孩质量 q_i 的负向作用 $IE\left(\dfrac{\partial q_i}{\partial \pi_n}\right)$，那么

生育成本 π_n 上升对小孩质量 q_i 的总效应是零,即 $\dfrac{\partial q_i}{\partial \pi_n} = 0$。

表 4-1 生育成本 π_n 影响小孩数量 n_i 和质量 q_i 的比较静态分析

第一部分:价格效应

$PE\left(\dfrac{\partial n_i}{\partial \pi_n}\right)$	$\dfrac{\partial n_i(\pi_n,\pi_q,\pi,M_i)}{\partial \pi_n} < 0$,当 M_i,π_q 和 π 一定时
$PE\left(\dfrac{\partial q_i}{\partial \pi_n}\right)$	$\dfrac{\partial q_i(\pi_n,\pi_q,\pi,M_i)}{\partial \pi_n} > 0$,当 M_i,π_q 和 π 一定时
$PE\left(\dfrac{\partial n_i}{\partial M_i}\right)$	$\dfrac{\partial n_i(\pi_n,\pi_q,\pi,M_i)}{\partial M_i} > 0$,当 π_n,π_q 和 π 一定时
$PE\left(\dfrac{\partial q_i}{\partial M_i}\right)$	$\dfrac{\partial q_i(\pi_n,\pi_q,\pi,M_i)}{\partial M_i} > 0$,当 π_n,π_q 和 π 一定时

第二部分:分配收入效应

$IE\left(\dfrac{\partial n_i}{\partial \pi_n}\right)$ $\pi_n \uparrow \to V(\pi_n,\pi_q,\pi,M_i) \downarrow (since\ \dfrac{\partial V(\pi_n,\pi_q,\pi,M_i)}{\partial \pi_n} < 0) \to$

$M_i \downarrow (MaxU_i^H) \to n_i \downarrow (since\ \dfrac{\partial n_i(\pi_n,\pi_q,\pi,M_i)}{\partial M_i} > 0) \twoheadrightarrow$

$\dfrac{\partial n_i(\pi_n,\pi_q,\pi,M_i)}{\partial \pi_n} < 0$

$IE\left(\dfrac{\partial q_i}{\partial \pi_n}\right)$ $\pi_n \uparrow \to V(\pi_n,\pi_q,\pi,M_i) \downarrow (since\ \dfrac{\partial V(\pi_n,\pi_q,\pi,M_i)}{\partial \pi_n} < 0) \to$

$M_i \downarrow (MaxU_i^H) \to q_i \downarrow (since\ \dfrac{\partial q_i(\pi_n,\pi_q,\pi,M_i)}{\partial M_i} > 0) \twoheadrightarrow$

$\dfrac{\partial q_i(\pi_n,\pi_q,\pi,M_i)}{\partial \pi_n} < 0$

第三部分:总效应

$\dfrac{\partial n_i}{\partial \pi_n}$ $TE\left(\dfrac{\partial n_i(\pi_n,\pi_q,\pi,M_i)}{\partial \pi_n}\right) = IE\left(\dfrac{\partial n_i}{\partial \pi_n}\right) + PE\left(\dfrac{\partial n_i}{\partial \pi_n}\right) < 0$

第三部分：总效应

$\dfrac{\partial q_i}{\partial \pi_n}$ $\quad TE\Big(\dfrac{\partial q_i(\pi_n,\ \pi_q,\ \pi,\ M_i)}{\partial \pi_n}\Big) = IE\Big(\dfrac{\partial q_i}{\partial \pi_n}\Big) + PE\Big(\dfrac{\partial q_i}{\partial \pi_n}\Big) > 0$

$\quad if\ \Big| IE\Big(\dfrac{\partial q_i}{\partial \pi_n}\Big) \Big| < \Big| PE\Big(\dfrac{\partial q_i}{\partial \pi_n}\Big) \Big|;$

$\quad TE\Big(\dfrac{\partial q_i(\pi_n,\ \pi_q,\ \pi,\ M_i)}{\partial \pi_n}\Big) = IE\Big(\dfrac{\partial q_i}{\partial \pi_n}\Big) + PE\Big(\dfrac{\partial q_i}{\partial \pi_n}\Big) < 0$

$\quad if\ \Big| IE\Big(\dfrac{\partial q_i}{\partial \pi_n}\Big) \Big| > \Big| PE\Big(\dfrac{\partial q_i}{\partial \pi_n}\Big) \Big|;$

$\quad TE\Big(\dfrac{\partial q_i(\pi_n,\ \pi_q,\ \pi,\ M_i)}{\partial \pi_n}\Big) = IE\Big(\dfrac{\partial q_i}{\partial \pi_n}\Big) + PE\Big(\dfrac{\partial q_i}{\partial \pi_n}\Big) = 0$

$\quad if\ \Big| IE\Big(\dfrac{\partial q_i}{\partial \pi_n}\Big) \Big| = \Big| PE\Big(\dfrac{\partial q_i}{\partial \pi_n}\Big) \Big|$

二、生育成本变动会如何影响个体获得教育的概率

结合表 4-1 第三部分生育成本 π_n 变动对小孩数量 n_i 和质量 q_i 的影响结果，本节进一步分析生育成本 π_n 上升如何通过个体质量 q_i、外部数量 N 和外部质量 $\bar{q}$，影响小孩获得教育的概率 $P(q_i,\ N,\ \bar{q},\ S)$。此处，假设所有家庭是同质的[①]，即 $q_i = q_j = q$，$n_i = n_j = n$，$if\ i \neq j$。

首先，关注一个简单的例子：当不考虑外部性时，将 N 和 $\bar{q}$ 视为外生给定，生育成本 π_n 上升仅通过 q 影响小孩获得教育的概率 $P(q,\ N,\ \bar{q},\ S)$。对个体获得教育概率 $P(q,\ N,\ \bar{q},\ S)$，求生育成本 π_n 的偏导数，可得：

$$\frac{\partial P(q,\ N,\ \bar{q},\ S)}{\partial \pi_n} = \frac{\partial P(q,\ N,\ \bar{q},\ S)}{\partial q} \cdot \frac{\partial q}{\partial \pi_n} \qquad (4-15)$$

式(4-15)中，个体质量 q 越高，其获得教育概率 $P(q,\ N,\ \bar{q},\ S)$ 越高，$\dfrac{\partial P(q,\ N,\ \bar{q},\ S)}{\partial q} > 0$。因此，生育成本 π_n 上升对个体教育获得概率 $P(q,\ N,$

---

① 异质性家庭的情况是一个有趣的研究，不过这是我们后续的研究方向。

$\overline{q}$，S）的影响 $\dfrac{\partial P(q, N, \overline{q}, S)}{\partial \pi_n}$，取决于生育成本 π_n 上升对小孩质量 q 的影

响，即 $\dfrac{\partial q}{\partial \pi_n}$（具体见表 4-1 第三部分）。

接下来，当考虑外部性时，生育成本 π_n 上升则会通过个体质量 q、外部数量 N 和外部质量 $\overline{q}$，影响个体获得教育的概率 $P(q, N, \overline{q}, S)$。对个体获得教育的概率 $P(q, N, \overline{q}, S)$，求生育成本 π_n 的偏导数，可得：

$$
\begin{aligned}
\frac{\partial P(q, N, \overline{q}, S)}{\partial \pi_n} =\ & \frac{\partial P(q, N, \overline{q}, S)}{\partial q} \cdot \frac{\partial q}{\partial \pi_n} + \\
& \frac{\partial P(q, N, \overline{q}, S)}{\partial N} \cdot \frac{\partial N}{\partial \pi_n} + \\
& \frac{\partial P(q, N, \overline{q}, S)}{\partial \overline{q}} \cdot \frac{\partial \overline{q}}{\partial \pi_n}
\end{aligned}
\tag{4-16}
$$

式（4-16）中，等号右边第一、第二和第三个式子分别表示：生育成本 π_n 上升，会如何通过个体质量 q、外部数量 N 和外部质量 $\overline{q}$，影响个体获得教育的概率 $P(q, N, \overline{q}, S)$。

在同质性家庭假设下，小孩总数量为家庭数与每个家庭小孩数的乘积，$N = L \times n$；各家庭小孩的质量相同，$q = \overline{q}$。此时，生育成本 π_n 上升通过个体质量 q 和外部竞争者质量 $\overline{q}$，影响个体教育获得概率的联合效应为零，即 $\dfrac{\partial P(q, N, \overline{q}, S)}{\partial q} \cdot \dfrac{\partial q}{\partial \pi_n} + \dfrac{\partial P(q, N, \overline{q}, S)}{\partial \overline{q}} \cdot \dfrac{\partial \overline{q}}{\partial \pi_n} = 0$。生育成本 π_n 上升影响个体教育获得的概率，主要取决于"外部数量"渠道，即 $\dfrac{\partial P(q, N, \overline{q}, S)}{\partial N} \cdot \dfrac{\partial N}{\partial \pi_n}$。

由于外部数量 N 越多，个体获得教育的概率 $P(q, N, \overline{q}, S)$ 越低，$\dfrac{\partial P(q, N, \overline{q}, S)}{\partial N} < 0$；生育小孩成本 π_n 越高，小孩数量 n 越少，即有 $\dfrac{\partial N}{\partial \pi_n} = L \cdot \dfrac{\partial n}{\partial \pi_n} < 0$。因此，当考虑外部性时，在同质性家庭假设下，生育成本 π_n 上升

对个体获得教育概率 P(q，N，$\overline{q}$，S)的净效应，主要取决于"外部数量"渠道，且其影响方向是正的，即 $\dfrac{\partial P(q, N, \overline{q}, S)}{\partial \pi_n} = \dfrac{\partial P(q, N, \overline{q}, S)}{\partial N} \cdot \dfrac{\partial N}{\partial \pi_n} > 0$。这为实证回归提供了一个可检验的命题，具体结果如本章第六节所示。

第三节　"一孩政策"的实施背景

1979 年，中国正式实施"一孩政策"（Banister，1991）。实行之初，政府为鼓励家庭只生育一胎，采取了一系列法律法规和行政措施。例如，1980 年 9 月 25 日，政府在《中共中央关于控制我国人口增长问题致全体共产党员、共青团员的公开信》中发出号召："为了争取在本世纪末把我国人口控制在 12 亿以内，国务院已经向全国人民发出号召，提倡一对夫妇只生育一个孩子。"随后，1982 年 2 月 9 日，中共中央、国务院发出《关于进一步做好计划生育工作的指示》。在该指示中，除政府规定的特殊情况之外，中国的城镇居民、国家干部和职工，一对夫妇只能生育一个孩子。

在实行强度上，采用"胡萝卜加大棒"（Carrots and Sticks）方式：一方面，为遵从"一孩政策"的父母颁发"独生子女光荣证"，以及为独生子女提供优先入学等福利（Qin et al.，2017）；另一方面，对"超生"的父母，收取相当于当年所在省份家庭人均可支配收入的数倍罚金（Ebenstein，2010）。哈迪·克里夫兰和班尼斯特（Hardee-Cleaveland and Banister，1988）指出，1979—1982 年间的"一孩政策"实施强度是较为严格的。在一些省份，部分怀有二胎或三胎的父母被强制流产。

尽管"一孩政策"在全国范围内实施，但在不同省份、不同城市和民族群体间的实施强度并不相同。图 4-1 利用 1979—2000 年各省的超生罚款（家庭人均可支配收入的倍数）作为"一孩政策"实施强度，绘制不同省份不同年份"一孩政策"实施强度的变动趋势图。其中，各省超生罚款数据来自埃本斯坦（Ebenstein，2010）。

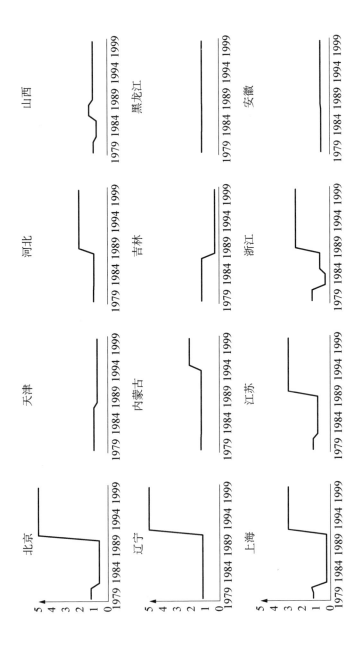

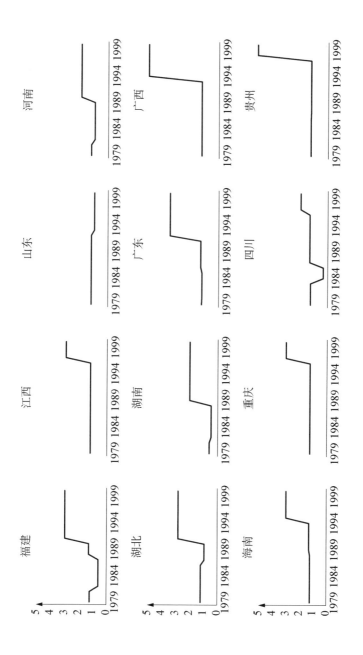

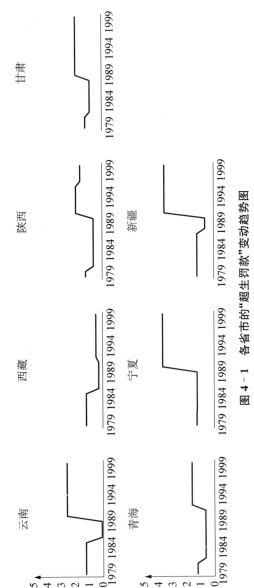

图 4 - 1 各省市的"超生罚款"变动趋势图

注：各省市"超生罚款"为当地家庭人均可支配收入的倍数。

数据来源：Ebenstein（2010）。

图 4-1 结果显示：(1)同一省份不同时期的"一孩政策"实施强度不同。譬如，北京市在 1979—1981 年的超生罚款为 1.229，而在 1982—1990 年稍微下降至 0.647。随后，1991—2000 年的超生罚款上涨至 5。(2)同一时期不同省份的"一孩政策"实施强度也不同。与北京市相比，天津市的超生罚款数额变动相对平稳。

不仅如此，即便在同一省份，不同城市间的"一孩政策"实施强度也不同。钱楠筠(Qian，2009)、刘灏明(Liu，2014)、李冰靖和张宏亮(Li and Zhang，2017)利用不同城市间的"一孩政策"实施强度差异，作为各城市父母生育成本的外生冲击，实证检验贝克尔和刘易斯(Becker and Lewis，1973)的 Q-Q 理论在中国是否成立。此外，"一孩政策"的实施对象主要是汉族群体(Li et al.，2011；Huang et al.，2016；Zhang，2017)。

由于"一孩政策"的实施强度越大，独生子女数量会随之增加。图 4-2 利用 2005 年 1%人口抽样调查数据，绘制了 1976—2000 年出生的汉族独生子女数量变动趋势图①。结果显示：总体而言，独生子女数量呈上升趋势。由 1976

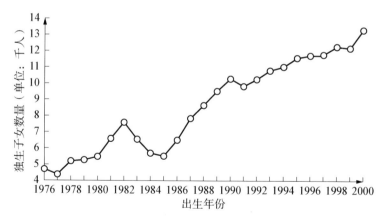

图 4-2　汉族独生子女数量的变动趋势图
数据来源：2005 年 1%人口抽样调查数据。

---

① 2005 年 1%人口抽样调查数据仅调查了 30 周岁以下受访者的兄弟数量和姐妹数量。

年的 4704 个上升至 2000 年的 13 296 个。其中,1979—1982 年出生的独生子女数量由 5278 个上升至 7592 个。不过,1983—1985 年出生的独生子女数量呈下降趋势,这可能受 1984 年之后农村地区实施"1.5 孩"政策的影响。

图 4-3 利用 2005 年 1%人口抽样调查数据,绘制各省市 1976—2000 年出生的汉族独生子女数量变动趋势图[①]。结果显示:(1)同一省份不同时期的独生子女数量变动趋势不同。譬如,北京市 1976—1982 年出生的独生子女数量呈上升趋势,然而,1983—1986 年出生的独生子女数量呈下降趋势。(2)同一时期不同省份的独生子女数量变动趋势不同。不同于北京市,在 1976—1986 年间,广东省的独生子女数量变动趋势较为平缓。

由图 4-3 可知,在所有省份中,广东省的独生子女数量最多,且其属下有 21 个地级市,这一特征便于分析各城市独生子女数量的变动趋势是否存在差异。图 4-4 利用 2005 年 1%人口抽样调查数据,绘制广东省所属 21 个地级市 1976—2000 年出生的汉族独生子女数量的变动趋势图。结果显示:各地级市不同时期的独生子女数量变化情况不同。例如,广州市 1976—1984 年出生的独生子女数量呈上升趋势,随后 1985—1990 年出生的独生子女数量呈下降趋势;不过,韶关市 1976—1984 年出生的独生子女数量则呈平稳趋势,而在 1985 年之后呈逐渐上升趋势。

第四节　各城市"一孩政策"实施强度的衡量指标

一、"一孩政策"衡量指标

既有文献在研究 1979 年"一孩政策"如何影响个体行为时,常使用的"一孩政策"衡量指标有两类:(1)是否受"一孩政策"影响的虚拟变量。安(Ahn,

---

① 由 2005 年 1%人口抽样调查数据可知,西藏自治区 1976—2000 年出生的独生子女数量为 0 的年份比例达到 68%。因此,此处仅绘制了 30 个省市 1976—2000 年出生的独生子女数量变化情况。

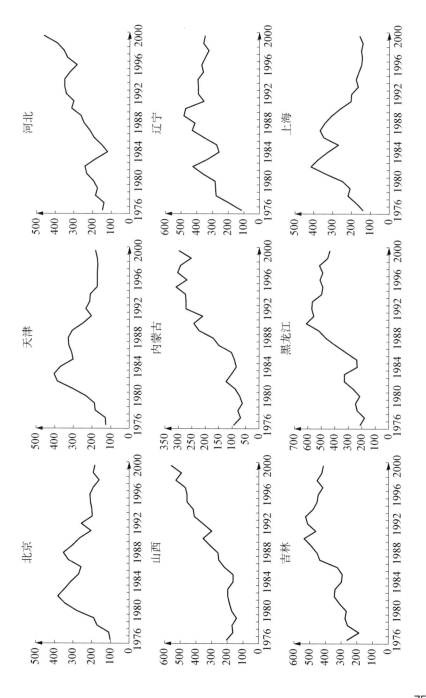

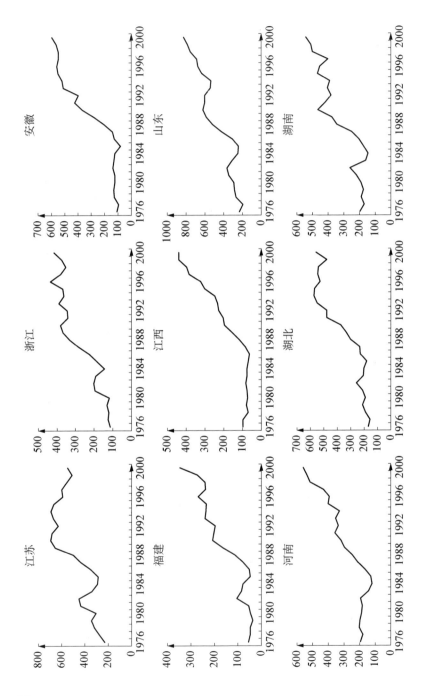

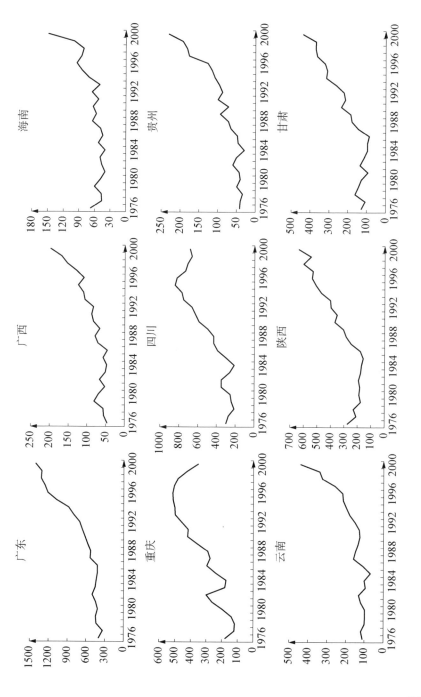

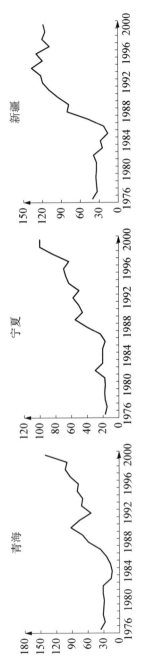

图 4 - 3 各省市 1976—2000 年出生的汉族独生子女数量变动趋势图（单位：个）

数据来源：2005 年 1% 人口抽样调查数据。

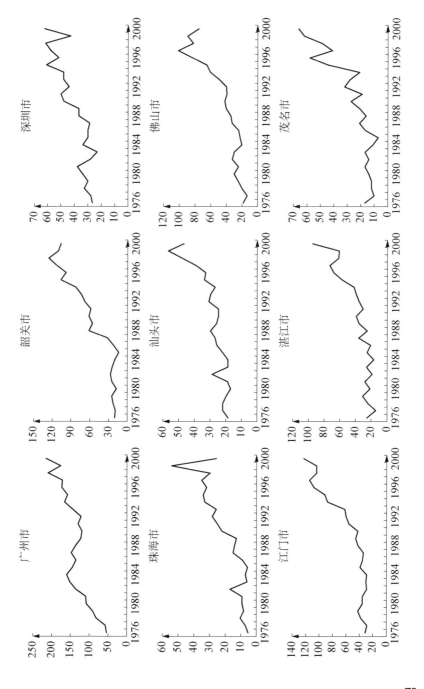

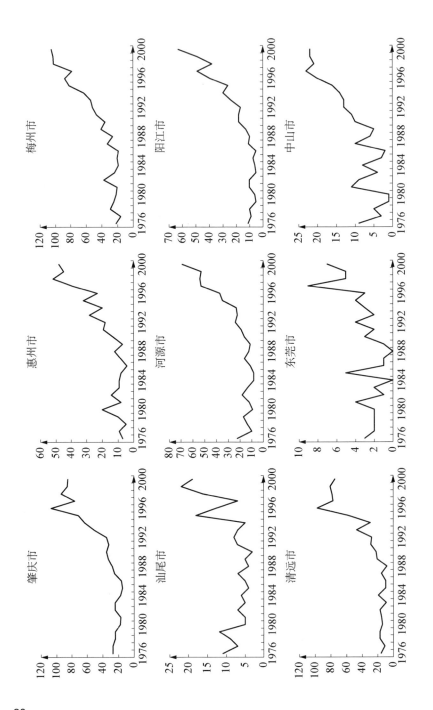

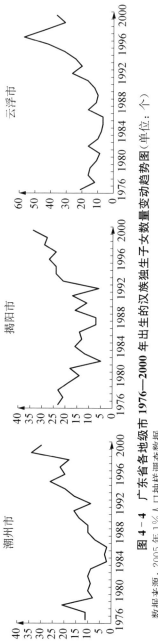

图 4 - 4 广东省各地级市 1976—2000 年出生的汉族独生子女数量变动趋势图（单位：个）

数据来源：2005 年 1%人口抽样调查数据。

1994)以出生年份是否为 1979 年之后,定义个体父母的生育行为是否受"一孩政策"影响;李宏彬等人(Li et al.,2011)将汉族个体视为受"一孩政策"影响,而将少数民族个体视为不受"一孩政策"影响。(2)"一孩政策"实施强度的连续变量。麦克罗伊和杨(McElroy and Yang,2000)、埃本斯坦(Ebenstein,2010)、黄炜等人(Huang et al.,2016)等文献使用各省公布的超生罚款数据,衡量各省不同年份"一孩政策"的实施强度。李冰靖和张宏亮(Li and Zhang,2017)利用 1982 年 1%人口普查数据,使用 1981 年各城市 25~44 岁的已婚妇女,生育小孩数量超过 1 个的比例作为各城市"一孩政策"的实施强度。

如前所述,各城市 t 年及之后"一孩政策"的实施强度会通过个体质量、外部数量和外部质量渠道,影响 t 年出生的个体高中教育获得概率($t \geqslant 1979$)。其中,各城市 t 年"一孩政策"的实施强度会通过外部数量渠道,影响 t 年出生的个体高中教育获得概率;而各城市 t 年之后"一孩政策"的实施强度则会通过个体质量和外部质量渠道,影响 t 年出生的个体高中教育获得概率。

基于以下原因,本节认为既有文献使用的"一孩政策"衡量指标可能不适用于本研究:第一,1979 年之前出生的个体获得高中教育概率,受 1979 年"一孩政策"实施强度影响,以"1979 年前后出生"衡量个体是否受"一孩政策"影响的虚拟变量(Ahn,1994)不适用于本研究。第二,同一户口城市内,所有个体均受到其他家庭的教育资源分配决策外部性影响。因此,无法使用少数民族群体作为不受"一孩政策"影响的对照组,然后利用双重差分法进行估计识别(Li et al.,2011)。第三,在中国,受户籍制度影响,个体进行"初中升高中"教育升学决策时,主要受同一户口城市的外部数量和外部质量影响,与其他户口城市个体的关系不大。此外,同一省份不同城市间的"一孩政策"实施强度不同(Qian,2009;Liu,2014),因此,以各省各年份的超生罚款作为"一孩政策"实施强度(Ebenstein,2010),同样不适用于本研究。第四,在 1981 年,各城市 25~44 岁的已婚妇女,生育小孩数量超过 1 个的比例差异,仅能衡量各城市"一孩政策"的实施强度差异(Li and Zhang,2017),而无法从时间维度上区分"一孩政策"

的实施强度差异。

考虑到各城市 t 年"一孩政策"的实施强度越大,父母在 t 年的生育成本越高,此时,t 年之前出生的个体成为独生子女概率越高($t \geqslant 1979$)。本章利用各户口城市 t 年及之前出生的汉族独生子女数量变动情况,作为其 t 年及之后"一孩政策"实施强度的衡量指标,并以此研究各城市 t 年及之后"一孩政策"的实施强度如何影响 t 年出生个体获得高中教育的概率。

二、各城市"一孩政策"实施强度指标选取的合理性

本节为选取各城市 t 年及之后"一孩政策"实施强度指标的合理性,提供相关的经验证据。利用 2005 年 1% 人口抽样调查数据,计算各户口城市 1976—2000 年出生的汉族独生子女数量,以及结合各省 1979—2000 年的超生罚款数据(Ebenstein,2010),实证回归模型(4-17),研究各省 t 年及之后的超生罚款是否影响各城市 t 年及之前出生的汉族独生子女数量变动情况。其中,2005 年人口普查数据调查的标准时间为 2005 年 11 月 1 日,随机再抽样调查样本量约259 万个。使用这一数据的好处在于:(1)样本量大,覆盖全国,可以较好地避免样本选择问题;(2)2005 年人口普查数据提供了个体的兄弟姐妹数量特征。具体模型设置如下所示:

$$OCP_{i,k,t} = \alpha_1 + \beta_1 Aver\_Fine_{i,t} + Hukou\_city_{i,k} + \mu_{i,k,t} \quad (4-17)$$

其中,被解释变量 $OCP_{i,k,t}$ 为 i 省份 k 户口城市 t 年及之前出生的汉族独生子女数量变化情况,使用"t 年及之前出生的汉族独生子女数量增长率平均值"[①]表示($1979 \leqslant t \leqslant 2000$)。定义如下:由于 2005 年 1% 人口抽样调查数据仅调查年龄为 30 周岁以下的受访者兄弟姐妹数量,以及考虑到 1976 年出生的个体受 1979 年以后"一孩政策"的影响较小,本节以 1976 年出生的汉族独生子女

---

① 为了使结论更为稳健,本节以"各城市 t 年及之前出生的汉族独生子女数量变化量平均值"替换"各城市 t 年及之前出生的汉族独生子女数量增长率平均值",以衡量各城市 t 年及之后"一孩政策"实施强度。然后按照表 4-2 和表 4-4 至 4-6 的回归思路,重新进行实证,结论均不变。具体实证结果见附录二附表 2-8 至 2-11。

数量作为基期,计算 i 省份 k 户口城市,$t-2$ 至 t 年出生的汉族独生子女数量增长率平均值。

核心解释变量 $Aver\_Fine_{i,t}$ 表示 i 省份 t 年及之后的超生罚款平均值。基准回归选取 i 省份,t、$t+1$ 和 $t+2$ 年的超生罚款平均值。$Hukou\_city_{i,k}$ 表示户口城市固定效应。为避免受相同户口城市因素影响而导致扰动项自相关,回归采用聚类到户口城市的稳健标准误。黄炜等人(Huang et al., 2016)指出,各省公布的超生罚款是相对外生的。

表 4-2 汇报了模型(4-17)的回归结果。被解释变量为"各城市 t 年及之前出生的汉族独生子女数量增长率平均值"。其中,第(1)列无控制其他特征变量;第(2)列为控制户口城市固定效应。结果显示:超生罚款变量在 1% 水平上表现为正的显著。这表明各省 t 年及之后的超生罚款越高,各户口城市 t 年及之前出生的汉族独生子女数量增加得越多。

表 4-2　各城市"一孩政策"实施强度指标的合理性

	被解释变量:各城市独生子女数量增长率平均值($t-2$ 至 t 年)				
	核心解释变量:各省超生罚款(t 年及之后)				
	(1)	(2)	(3)	(4)	(5)
超生罚款(t 至 $t+$ 2 年的平均值)	0.570*** (0.086)	0.715*** (0.079)			
超生罚款(t 至 $t+$ 3 年的平均值)			0.713*** (0.077)		
超生罚款(t 至 $t+$ 4 年的平均值)				0.699*** (0.074)	
超生罚款(t 至 $t+$ 5 年的平均值)					0.673*** (0.070)
户口城市固定效应		是	是	是	是
样本量	5 540	5 540	5 263	4 986	4 709
R^2	0.064	0.661	0.667	0.673	0.683

注:括号内为聚类到户口城市的稳健标准误,＊＊＊表示在 1% 水平上显著。限于篇幅,户口城市固定效应实证结果,未予列示。

作为稳健性检验,第(3)—(5)列放宽计算各省超生罚款平均值的年份。其中,第(3)列为 t 至 $t+3$ 年超生罚款的平均值;第(4)列为 t 至 $t+4$ 年超生罚款的平均值;第(5)列为 t 至 $t+5$ 年超生罚款的平均值。结论均不变。上述结果表明:各户口城市"t 年及之前出生的汉族独生子女数量增长率平均值"变量,能较好地衡量其 t 年及之后"一孩政策"的实施强度。

第五节　各城市"一孩政策"实施强度
对个体获得高中教育的影响

一、数据来源

本节使用的数据是:2000 年人口普查数据(Census 2000)和 2005 年人口普查的随机再抽样数据(Census 2005)。其中,Census 2000 数据调查的标准时间为 2000 年 11 月 1 日,共计 1180 万个样本。为确保所有个体均受 1979 年"一孩政策"的影响,以及避免个体在进行"初中升高中"教育决策时,受 1999 年"高校扩招"政策影响(邢春冰,2013;都阳和杨翠芬,2014;Lu and Zhang,2018),基准回归选取:2000 年人口普查数据中,出生年份为 1979—1982 年,且已完成初中教育的个体样本[①]。

二、计量模型和变量说明

本节利用 2000 年人口普查数据,通过实证回归模型(4-18),研究各户口城市 t 年及之后"一孩政策"的实施强度会如何影响 t 年出生的个体高中教育获得概率。具体模型设置如下:

---

① 为使结论更为稳健,本章也使用 Census 2005 数据,按照表 4-4 至 4-6 和表 4-8 的实证思路,重新回归各城市 t 年及之后"一孩政策"的实施强度对 t 年出生个体获得高中教育的影响,以及各城市 t 年"一孩政策"的实施强度对 t 年出生个体获得高中教育的影响,结论均不变。具体实证结果见附录二附表 2-12 至 2-15。

$$Highschool_{i,k,t,j} = \alpha_2 + \beta_2 OCP_{i,k,t} + \delta X_{i,k,t,j} + Hukou\_city_{i,k} + \varepsilon_{i,k,t,j}$$

$$(4-18)$$

其中,被解释变量 $Highschool_{i,k,t,j}$ 表示 i 省份 k 户口城市出生年份为 t 的个体 j 是否获得高中教育,1＝受教育程度为高中及以上,0＝受教育程度为初中毕业。核心解释变量 $OCP_{i,k,t}$ 为 i 省份 k 户口城市 t 年及之后"一孩政策"的实施强度,定义同模型(4-17)一致(利用 2005 年 1% 人口抽样调查数据计算)。

其他控制变量 $X_{i,k,t,j}$ 包括:(1)民族,1＝汉族,0＝少数民族;(2)性别,1＝男性;0＝女性;(3)户口类型,1＝农业户口,0＝非农业户口;(4)出生月份虚拟变量,1＝出生月份为 9—12 月,0＝出生月份为 1—8 月。$Hukou\_city_{i,k}$ 表示户口所在城市固定效应。本节重点关注 $OCP_{i,k,t}$ 变量的估计系数 β_2,其捕捉的是各城市 t 年及之后"一孩政策"的实施强度通过个体质量、外部数量和外部质量渠道,影响 t 年出生个体获得高中教育的净效应。为避免受相同户口城市因素影响而导致扰动项自相关,回归采用聚类到户口城市的稳健标准误。

表 4-3 汇报了模型(4-18)中各变量的描述性统计。结果显示:在已完成初中学业的群体中,入读高中的比例达到 40%～50%,且比例呈逐年上升趋势。此外,"一孩政策"的实施强度也呈上升趋势。实证回归中,本节将采用多元回归方法,进一步实证研究各城市 t 年及之后"一孩政策"的实施强度与 t 年出生个体的高中教育获得概率是否存在因果关系。

表 4-3　模型(4-18)各变量的统计事实

变量	Census 2000				
	1979—1982 年	1979 年	1980 年	1981 年	1982 年
	(1)	(2)	(3)	(4)	(5)
是否获得高中教育	0.455 (0.498)	0.415 (0.493)	0.430 (0.495)	0.466 (0.499)	0.495 (0.500)

变量	Census 2000				
	1979—1982 年	1979 年	1980 年	1981 年	1982 年
	(1)	(2)	(3)	(4)	(5)
t 年及之后"一孩政策"的实施强度	0.347 (0.840)	0.199 (0.664)	0.274 (0.728)	0.366 (0.844)	0.497 (0.995)
民族：汉族	0.947 (0.225)	0.948 (0.221)	0.945 (0.228)	0.947 (0.224)	0.946 (0.226)
性别：男性	0.530 (0.499)	0.521 (0.500)	0.532 (0.499)	0.533 (0.499)	0.534 (0.499)
户口类型：农业户口	0.631 (0.482)	0.617 (0.486)	0.631 (0.482)	0.631 (0.483)	0.643 (0.479)
出生月份：9—12 月	0.379 (0.485)	0.368 (0.482)	0.368 (0.482)	0.419 (0.493)	0.361 (0.480)
样本量	440 059	100 513	97 192	110 960	131 394

注：括号内为标准差。

三、基准结果

表 4-4 汇报了模型(4-18)的实证结果。被解释变量为个体是否获得高中教育，核心解释变量为各城市"一孩政策"实施强度。其中，第(1)列无控制其他特征变量；第(2)列为控制户口城市固定效应；第(3)列进一步控制汉族、男性、农业户口和出生月份个体特征变量。

表 4-4 的实证结果显示：各城市 t 年及之后的"一孩政策"实施强度对 t 年出生个体获得高中教育概率呈显著的正向影响，这表明父母生育成本上升通过个体质量、外部数量和外部质量渠道，影响个体高中教育获得概率的净效应为正的显著。其他控制变量的符号和显著性基本符合预期。男性获得高中教育的概率显著高于女性；农业户口的个体获得高中教育的概率显著低于非农业户口个体。9—12 月出生的个体获得高中教育的概率显著高于 1—8 月出生的个体。

表 4-4 基准结果

回归数据	Census 2000		
被解释变量	t 年出生的个体是否获得高中教育(1=高中及以上;0=初中毕业)		
回归序号	(1)	(2)	(3)
"一孩政策"实施强度(t 年及之后)	0.070*** (0.016)	0.051*** (0.007)	0.056*** (0.008)
民族：汉族			-0.001 (0.006)
性别：男性			0.013*** (0.003)
户口：农业户口			-0.599*** (0.007)
出生月份：9—12 月			0.017*** (0.001)
户口城市固定效应		是	是
样本量	440 059	440 059	440 059
R^2	0.014	0.124	0.402

注：括号内为聚类到户口城市层面的稳健标准误,＊＊＊表示 1%水平上显著。限于篇幅,户口城市固定效应实证结果,未予列示。

四、校正可能存在的内生性偏误：工具变量法

尽管基准回归已控制个体户口所在城市固定效应,以缓解那些不随时间变化的遗漏变量可能造成的估计偏误,然而,基准结果仍可能面临因遗漏随时间变化的变量,以及核心解释变量存在测量误差,而导致的内生性偏误。其中,(1)随时间变化的遗漏变量。一个需要关注的遗漏变量,可能是那些同时影响各城市"一孩政策"实施强度和个体获得高中教育概率的宏观经济因素遗漏变量。若确实存在这一遗漏变量,基准结果捕捉的可能是随时间变化的遗漏变量对个体获得高中教育概率的影响,而非"一孩政策"的干预效应。(2)核心解释变量存在测量误差。限于数据获得,基准回归利用 1976 年出生的汉族独生子女数量作为基期,计算各户口城市汉族独生子女数量增长率的平均值(t 年及

之前)。然而,1976 年出生的汉族独生子女数量可能受 1979 年及之后"一孩政策"的影响,导致核心解释变量("一孩政策"衡量指标)存在测量误差。

鉴于此,表 4-5 选取同一省份其他城市 t 年及之后"一孩政策"的实施强度作为工具变量,并采用两阶段最小二乘法(2SLS)校正可能存在的内生性偏误。有效的工具变量需要满足两个条件:(1)相关性。理论上,同一省份其他城市 t 年及之后"一孩政策"的实施强度与本城市 t 年及之后"一孩政策"的实施强度相关。(2)外生性。对于 t 年出生的个体,同一省份其他城市 t 年及之后的"一孩政策"实施强度是相对外生的。

表 4-5 校正可能存在的内生性偏误:工具变量法(IV)

回归数据	Census 2000	
被解释变量	t 年出生的个体是否获得高中教育 (1=高中及以上;0=初中毕业)	
回归序号	(1)	(2)
"一孩政策"实施强度 (t 年及之后)		0.170*** (0.039)
同一省份其他城市"一孩政策" 实施强度(t 年及之后)	0.964*** (0.118)	
控制变量	是	是
户口城市固定效应	是	是
样本量	440 059	440 059
R^2	0.933	0.398
第一阶段 F 统计量	66.609	

注:括号内为聚类到户口城市的稳健标准误。***表示在 1%水平上显著。限于篇幅,控制变量(民族、性别、户口类型、出生月份虚拟变量)和户口城市固定效应的实证结果,未予列示。

表 4-5 第(1)列第一阶段的实证结果显示:同一省份其他城市 t 年及之后"一孩政策"的实施强度与本城市 t 年及之后"一孩政策"的实施强度呈显著的正相关关系。此外,弱工具变量检验的 F 统计量大于 10,可以拒绝"存在弱工具

变量"原假设。第二阶段的结果显示：即便使用工具变量法校正可能存在的内生性偏误，各城市 t 年及之后"一孩政策"的实施强度变量仍在 1% 水平上表现为正的影响，且估计系数大于 OLS 估计的系数。这表明父母生育成本上升通过个体质量、外部数量和外部质量渠道，影响个体高中教育获得概率的净效应是显著为正，这一结论是稳健的。

五、稳健性检验

表 4 - 6 对表 4 - 4 的基准结果做了如下的稳健性检验。

表 4 - 6　稳健性检验

回归数据	Census 2000				
被解释变量	t 年出生的个体是否获得高中教育(1＝高中及以上;0＝初中毕业)				
回归样本	扩大回归样本＋1	扩大回归样本＋3	$OCP_{i,k,t}$ 城市为正	城市独生子女数≥10	城市独生子女数≥30
回归序号	(1)	(2)	(3)	(4)	(5)
"一孩政策"实施强度（t 年及之后）	0.061*** (0.008)	0.044*** (0.007)	0.054*** (0.009)	0.070*** (0.016)	0.038** (0.017)
控制变量	是	是	是	是	是
户口城市固定效应	是	是	是	是	是
样本量	550 305	675 771	192 223	228 778	52 047
R^2	0.382	0.363	0.432	0.435	0.443

注：括号内为聚类到户口城市的稳健标准误。＊＊和＊＊＊分别表示在 5%、1% 水平上显著。限于篇幅，控制变量(民族、性别、户口类型、出生月份虚拟变量)和户口城市固定效应的实证结果，未予列示。

第一，扩大回归样本量。表 4 - 6 第(1)列将回归样本扩大至 1979—1983 年出生的个体;第(2)列进一步将回归样本扩大至 1979—1985 年出生的个体。第(1)—(2)列的实证结果显示：各城市 t 年及之后的"一孩政策"实施强度变量仍在 1% 水平上表现为正的影响。

第二，各年份"一孩政策"实施强度为正的城市样本。第(3)列为仅使用

1979—1982 年各年份"汉族独生子女数量增长率平均值"均为正的城市样本。然后,按照模型(4-18)的实证思路重新回归,结论不变:各城市 t 年及之后"一孩政策"的实施强度仍会显著提高个体的高中教育获得概率。

第三,限定各城市各年份的独生子女数量。第(4)列为使用 1976—1982 年各年份独生子女数量均大于 10 个的城市样本;第(5)列为使用 1976—1982 年各年份独生子女数量均大于 30 个的城市样本,并分别重新定义"各城市 t 年及之前的汉族独生子女数量增长率平均值"变量,结论仍不变。上述一系列结果表明,各城市 t 年及之后的"一孩政策"实施强度会显著提高个体的高中教育获得概率,这一结论是稳健存在的。

六、进一步研究:"外部数量"影响机制

本节的理论模型分析发现:当考虑外部性时,在同质性家庭假设下,父母生育成本上升对个体获得高中教育概率的影响,主要取决于"外部数量"渠道,且其影响方向是正的。本节实证检验:各城市 t 年"一孩政策"的实施强度对 t 年出生个体高中教育获得概率的影响情况,以此检验"外部数量"机制是否成立。

埃本斯坦(Ebenstein,2010)研究发现:中国的"丢失女孩"现象与"一孩政策"实施强度两者间存在因果关系。不仅如此,在超生罚款数额越大的地区,出生人口的男女性别比表现得越高。李宏彬等人(Li et al.,2011)研究发现:"一孩政策"会显著提高汉族出生人口的男女性别比。因此,本节以各户口城市 t 年出生的汉族男女性别比作为其 t 年"一孩政策"实施强度的衡量指标($t \geqslant$ 1979)。并试图实证检验以下两个问题:(1)各城市 t 年出生的汉族男女性别比能否反映其 t 年"一孩政策"的实施强度;(2)各城市 t 年"一孩政策"的实施强度如何影响 t 年出生的个体高中教育获得概率。

首先,类似于模型(4-17),模型(4-19)实证研究各省 t 年的超生罚款如何影响各城市 t 年的汉族男女性别比。本节使用 2000 年人口普查数据,计算各户口城市 1979—2000 年出生的汉族男女性别比,以缓解使用小样本可能带来

的测量误差问题。以及结合各省 1979—2000 年的超生罚款数据（Ebenstein，2010），实证回归模型(4-19)，具体如下：

$$ocp_{i,k,t} = \alpha_3 + \beta_3 Fine_{i,t} + Hukou\_city_{i,k} + \mu_{i,k,t} \qquad (4-19)$$

其中，被解释变量 $ocp_{i,k,t}$ 表示 i 省份 k 户口城市，t 年的"一孩政策"实施强度，使用出生年份为 t 年的汉族男女性别比（男/女）衡量。核心解释变量 $Fine_{i,t}$ 表示 i 户口省份 t 年的超生罚款数额。其中，估计系数 β_3 捕捉各省 t 年实施的超生罚款对各城市 t 年出生的汉族男女性别比的干预效应。

表 4-7 汇报了模型(4-19)的实证结果。第(1)列无控制户口所在城市固定效应；第(2)列在第(1)列的基础上，控制户口所在城市固定效应。结果显示：无论是否控制户口城市固定效应，各省 t 年的超生罚款对各城市 t 年出生的汉族男女性别比在 1%水平上呈显著的正向影响。

表 4-7 "一孩政策"实施强度（当期）指标选取的合理性

被解释变量	各城市 t 年出生的汉族男女性别比					
回归序号	(1)	(2)	(3)	(4)	(5)	(6)
超生罚款 （t 年）	0.029*** (0.004)	0.031*** (0.004)	0.026*** (0.008)	0.026*** (0.008)	0.024*** (0.007)	0.021*** (0.007)
超生罚款（$t+1$ 至 $t+3$ 年平均值）			−0.002 (0.008)			
超生罚款（$t+1$ 至 $t+4$ 年平均值）				−0.006 (0.008)		
超生罚款（$t+1$ 至 $t+5$ 年平均值）					−0.008 (0.008)	
超生罚款（$t+1$ 至 $t+6$ 年平均值）						−0.010 (0.008)
户口城市固定效应		是	是	是	是	是
Observations	7 374	7 374	6 371	6 035	5 701	5 366
R^2	0.011	0.131	0.135	0.132	0.130	0.128

注：括号内为聚类到户口城市的稳健标准误。＊＊＊表示在 1%水平上显著。限于篇幅，户口城市固定效应的实证结果，未予列示。

为检验各城市 t 年的汉族男女性别比是否受各省 t 年之后实施的超生罚款影响,第(3)列在第(2)列的基础上,进一步纳入各省 $t+1$ 至 $t+3$ 年的超生罚款平均值变量。结果显示:各省 $t+1$ 至 $t+3$ 年的超生罚款平均值变量估计系数呈不显著的负向影响,而各省 t 年的超生罚款对各城市 t 年出生的汉族男女性别比仍在 1% 水平上表现为正的显著。作为稳健性检验,第(4)—(6)列分别将第(3)列的各省 $t+1$ 至 $t+3$ 年的超生罚款平均值变量替换为:各省 $t+1$ 至 $t+4$ 年的超生罚款平均值变量、各省 $t+1$ 至 $t+5$ 年的超生罚款平均值变量和各省 $t+1$ 至 $t+6$ 年的超生罚款平均值变量。结论不变:各城市 t 年出生的汉族男女性别比仅受 t 年的超生罚款影响,而不受 t 年之后的超生罚款影响。这表明,各户口城市 t 年出生的汉族男女性别比能较好地反映其 t 年"一孩政策"的实施强度。

其次,与模型(4-18)类似,模型(4-20)利用 2000 年人口普查数据中出生年份为 1979—1982 年,且已完成初中教育的个体样本,以各户口城市 t 年出生的汉族男女性别比作为其 t 年"一孩政策"实施强度的衡量指标,研究各城市 t 年的"一孩政策"实施强度对 t 年出生个体高中教育获得的影响,以此检验"外部数量"渠道是否存在。具体模型设置如下:

$$Highschool_{i,k,t,j} = \alpha_4 + \beta_4 ocp_{i,k,t} + \delta X_{i,k,t,j} + Hukou\_city_{i,k} + \varepsilon_{i,k,t,j}$$

$$(4-20)$$

其中,核心解释变量 $ocp_{i,k,t}$ 表示 i 省份 k 户口城市 t 年"一孩政策"的实施强度,定义同模型(4-19)一致。被解释变量 $Highschool_{i,k,t,j}$、其他控制变量 $X_{i,k,t,j}$ 和户口城市固定效应 $Hukou\_city_{i,k}$ 的定义同模型(4-18)一致。

表 4-8 汇报了模型(4-20)的实证结果。其中,第(1)列的 OLS 估计结果显示:各城市 t 年"一孩政策"实施强度会显著提高 t 年出生个体获得高中教育的概率。与表 4-6 类似,表 4-8 第(2)、(3)列为选取同一省份其他城市 t 年"一孩政策"的实施强度作为工具变量,并采用两阶段最小二乘法校正第(1)列

可能存在的内生性偏误。第(2)列第一阶段的回归结果显示：同一省份其他城市 t 年"一孩政策"的实施强度与本城市 t 年"一孩政策"的实施强度呈显著的正相关关系。弱工具变量检验的 F 统计量大于10，可以拒绝"存在弱工具变量"原假设。第(3)列的第二阶段回归结果显示：即便使用工具变量法校正可能存在的内生性偏误，各城市 t 年"一孩政策"的实施强度会显著提高 t 年出生个体获得高中教育的概率，这一结论仍稳健成立。

为验证表 4-8 第(1)列的结论并非偶然，作为安慰剂检验，第(4)、(5)列为使用受 1979 年"一孩政策"影响较小的出生队列样本。其中，第(4)列为利用 1970—1974 年出生的个体样本，并以同一户口城市同一出生年份的汉族男女性别比作为虚假"一孩政策"实施强度。第(5)列将个体样本扩大至 1970—1976 年。然后，按照模型(4-20)的实证思路重新回归。结果显示：虚假"一孩政策"实施强度变量表现为不显著影响。

表 4-8 "一孩政策"实施强度(当期)对个体高中教育获得的影响

回归数据	Census 2000				
被解释变量	t 年出生的个体是否获得高中教育 (1=高中及以上;0=初中毕业)				
考虑因素	基准回归	工具变量法		安慰剂检验	
	OLS	IV-2SLS		1970—1974	1970—1976
回归序号	(1)	(2)	(3)	(4)	(5)
"一孩政策"实施强度 (t 年)	0.079*** (0.012)		0.591*** (0.096)	0.001 (0.006)	0.002 (0.005)
同一省份其他城市"一 孩政策"(t 年)		0.570*** (0.095)			
控制变量	是	是	是	是	是
户口城市固定效应	是	是	是	是	是
样本量	474 864	474 864	474 864	690 709	922 247
R^2	0.396	0.521	0.375	0.371	0.378
第一阶段的 F 统计量			36.019		

注：括号内为聚类到户口城市的稳健标准误。***表示在1%水平上显著。限于篇幅，控制变量(民族、性别、户口类型、出生月份虚拟变量)和户口城市固定效应的实证结果，未予列示。

第六节　本章小结

本章将外部性因素植入至贝克尔和刘易斯(Becker and Lewis，1973)的Q-Q理论中，并利用中国 1979 年"一孩政策"作为一项外生冲击，研究家庭内部父母在小孩数量与质量间的权衡经济决策所引致的外部性，如何影响个体的高中教育获得概率。正如构建的扩展模型所预测的，传统的 Q‑Q 理论(Becker and Lewis，1973)只关注家庭内部的经济决策，然而，整个社会所有家庭的集体决策则可能会通过外部数量和外部质量渠道，对个体的教育获得产生反馈效应，继而影响总教育产出。

理论模型分析发现：父母生育成本上升会降低小孩的数量，但对小孩质量的影响取决于"价格效应"和"分配收入效应"的相对大小。进一步，在同质性家庭假设下，分析发现：当不考虑外部性影响时，父母生育成本上升仅会通过"个体质量"渠道，影响个体获得教育概率。然而，当考虑外部性影响时，父母生育成本上升对个体教育获得概率的影响，主要取决于"外部数量"渠道，且其影响方向是正的。

实证上，利用 2000 年和 2005 年人口普查数据，发现如下：第一，以各户口城市 t 年及之前出生的汉族独生子女数量变化情况作为各城市 t 年及之后"一孩政策"的实施强度，分析发现各城市 t 年及之后"一孩政策"的实施强度会显著提高 t 年出生的个体获得高中教育概率。即便使用同一省份其他城市 t 年及之后"一孩政策"的实施强度作为工具变量，并使用两阶段最小二乘法校正可能存在的内生性偏误，以及进行一系列稳健性检验之后，结论不变。这表明父母生育成本上升通过个体质量、外部数量和外部质量渠道，影响个体获得高中教育概率的净效应是正的。第二，以各户口城市 t 年出生的汉族男女性别比作为各城市 t 年"一孩政策"的实施强度，分析发现各城市 t 年"一孩政策"的实施强度会显著提高 t 年出生的个体获得高中教育的概率。即便使用同一省份其

他城市 t 年"一孩政策"的实施强度作为工具变量,并使用两阶段最小二乘法校正可能存在的内生性偏误,以及进行相关的安慰剂检验之后,上述的结论仍不变。这表明父母生育成本上升通过外部数量渠道,影响个体获得高中教育概率的干预效应是正的。

第五章　人力资本的外部性影响
——以"非认知能力"为例[①]

第一节　引言

在新人力资本理论框架内,人力资本包括能力和教育等要素(李晓曼和曾湘泉,2012)。其中,能力(认知能力和非认知能力)是核心,而教育等要素则被视为个体基于自身能力和外部环境选择的结果。不同于既有文献关注个体的受教育年限、认知能力等人力资本(Acemoglu and Angrist,2001;Chen et al.,2018;Hoxby,2000;Ding and Lehrer,2007),本章研究个体非认知能力的外部性影响。现有不少文献研究发现:非认知能力对个体的受教育年限、劳动生产率、工资报酬率等方面均有显著的正向影响,而且其积极作用甚至超过了认知能力的影响(Heckman et al.,2006;Heineck and Anger,2010;Gensowski,2014)。因此,同受教育年限和认知能力一样,研究个体非认知能力是否存在外部性影响,具有重要的现实意义和政策启示意义。

由于情绪特征是衡量个体非认知能力的重要指标(Goldberg,1990,1992),结合中国近些年频发的群体性负向情绪传染现象的现实背景(譬如,"富士康十连跳"事件),本章以负向情绪[②]为例,基于"班级"社交网络视角,实证研究班级

[①] 本章主体内容已发表于 2019 年 1 月《经济学(季刊)》。李长洪,林文炼."近墨者黑":负向情绪会传染吗?——基于"班级"社交网络视角[J].经济学(季刊),2019,18(02):597—616。

[②] 本章以负向情绪为例,研究班级内学生间的非认知能力是否存在外部性影响。学生其他特质的非认知能力是否存在外部性影响,也是有趣和有意义的研究,值得未来进一步深究。

内学生间的负向情绪是否会传染,以识别学生非认知能力的外部性影响是否显著存在。由于学校或班主任进行分班或调整学生座位决策时,主要以学生的学业成绩作为分班或座位调整的参考标准,而鲜少将学生的负向情绪作为决策因素。因此,通过实证研究班级内他人的负向情绪是否会显著影响学生自身的负向情绪,以识别班级内学生的负向情绪是否存在外部性影响。

绝大部分学者从心理学角度进行理论分析发现:人与人之间的情绪是能够相互传染的(Spoor and Kelly,2004;Felps et al.,2006;Ilies et al.,2007;Walter and Bruch,2008;Sato and Yoshikawa,2007)。理论上,情绪会传染的诱导机制包括两方面:一是直接诱导机制(Preston and de Waal,2002)。当观察者对他人的情绪表现行为产生认知之后,其原有的情绪状况会受到刺激并直接发生转变。二是间接诱导机制,包括:模仿—回馈机制(Chapple,1981;Lundqvist and Dimberg,1995)、联想—学习机制(Hoffman,2002)、语言调节—联想机制(Hoffman,2002)、认知机制(Hoffman,2002)。其中,(1)模仿—回馈机制为大多数学者所接受。具体而言,人们倾向于模仿周围人的情绪表达,如面部表情等,与诱发者之间产生一种同步性的动作互动(模仿机制),这一情绪传入后,主体的情绪体验会激活观察者相同情绪活动的神经表达,从而感染上了他所察觉的情绪(回馈机制)。譬如,当周围人表现为压抑、不快乐等负向情绪,或开心等正向情绪时,本人可能会模仿或学习他人的表情、行为等,进而改变自身的情感。(2)联想—学习机制:当观察者与他人在同一场合时,在他人情绪诱发下,会展现出与他人相似的情绪。此时,若观察者的情绪感受与他人的情绪表达线索相一致,将直接导致观察者"感同身受",或间接地激发观察者回忆过去相似的经历,从而产生与周边他人相似的情感状态。譬如,在安慰他人时(因失去亲人),他人悲伤情绪可能会诱发观察者回忆起过去相似亲人逝世的经历,从而表现出与他人相似的悲伤情绪。(3)语言调节—联想机制:对于某一特定环境的语言(如倾听节奏欢快的音乐)或文字描述(如阅读有关"生离死别"的小说)能够激发观察者产生与所描述情境相似环境的想象,这一想象使得观察者产生与描述者相一致的情绪感受。(4)认知机制：观察者将自己想象(主观想象)为处于某一场景下的另一个人(换位思考)，并想象在该情境下与该人相似的情绪体验。

在查询文献的过程中，发现关于情绪传染性的经验研究并不多，这可能是因为目前大多数据库并不完整包含个体的某一社交网络信息，因此，难以合理且准确地界定个体社交网络的范围。此外，在论证他人情绪对本人情绪的影响是因果关系，抑或仅是相关关系时，无法很好校正他人情绪可能存在的内生性偏误。

前期文献在研究情绪是否会传染这一问题时产生了分歧：一支文献支持情绪会传染(Fowler and Christakis，2008；刘斌等，2012；Knight and Gunatilaka，2016)。刘斌等(2012)使用 2006 年中国综合社会调查数据，将城市社区作为社交网络，发现社区内平均幸福感对社区内个体幸福感存在显著正向影响。奈特和古纳蒂拉克(Knight and Gunatilaka，2016)利用 2002 年中国家庭住户收入项目调查数据，将农村村委会作为社交网络，发现幸福感在农村是能够传染的。另一支文献则支持情绪不会传染。土门和泽丹利(Tuman and Zeydanli，2015)利用 2008 年英国住户追踪调查数据，以与受访者处于同一地点同一行业的其他被调查者作为受访者的社交网络，发现与受访者相关的其他被调查者的平均快乐程度不会显著影响受访者的快乐程度。

通过总结前期文献，发现已有情绪传染性的实证研究可能存在以下两点不足：(1)负向情绪的传染性。已有情绪传染性的实证文献大多关注正向情绪的传染，而鲜少关注负向情绪。尽管负向情绪和正向情绪都可以通过直接诱导机制和间接诱导机制进行传染，但在传染过程中，对观察者的影响程度可能存在差异[1]。大量心理学和认知神经科学研究表明，情绪负性偏向现象[2]广泛存在，

---

[1] 前景理论(Prospect Theory)表明人们对损失(负向冲击)和获得(正向冲击)的敏感程度并不相同。

[2] 情绪负性偏向现象指相比于正向情绪，机体对具有威胁性的刺激(如愤怒表情)表现出更早/更快/更强的情绪体验。(Huang and Luo，2006，2007)

即相对于正向情绪,负向情绪刺激在心理加工上占据优势地位,对观察者的情绪影响更大。此外,随着群体组织中负向情绪螺旋现象的频繁出现(Andersson and Pearson,1999;Hobfoll,2002;Bowen and Blackmon,2003),研究负向情绪能否传染有一定的现实和政策启示意义。(2)社交网络的划定。已有文献将社交网络划定为农村村委会、城市社区或者"与受访者处于同一地点同一行业的其他被调查者"的做法值得商榷。原因有二:其一,随着人口的快速流动,村委会和社区居民的"抬头不见低头见"现象可能已被打破,在当前快节奏的城市生活和钢筋水泥的建筑中,居民间即使在同一个社区,几年间彼此是陌生的现象也是常见的;其二,"与受访者处于同一地点同一行业的其他被调查者"可能与受访者互不相识,或者交往不频繁,因此,使用这一做法定义受访者的社交网络可能会造成较大的测量误差。

受益于中国教育追踪调查数据(CEPS),本章可以较好克服现有文献的不足。CEPS数据的采访地点具体到班级层面,在同一个班级里,学生们"抬头不见低头见",其社交网络较为密切,这为研究负向情绪的传染性问题提供了恰到好处的区位空间。鉴于此,本章利用CEPS数据,实证发现在同一个班级内,负向情绪是会传染的。即便控制了与情景效应和关联效应相关的一系列特征变量,以及使用工具变量法校正可能存在的内生性偏误,结论不变。分样本回归进一步发现,"负向情绪会传染"在社交频繁度高的学生和女性学生中表现得更为显著。本章的研究表明,班级内学生负向情绪的外部性影响显著存在。

本章余下的结构安排如下:第二节介绍本章使用的数据来源、计量模型的建立和识别策略;第三节汇报"负向情绪"是否会传染的基准结果,考虑情境效应和关联效应的影响,分样本讨论"负向情绪"的传染对不同社交频繁度的个体和男女性个体的影响,以及作为稳健性检验,使用工具变量法校正基准回归可能存在的内生性偏误问题;最后是本章的小结。

第二节　数据来源、模型建立与识别策略

一、数据来源

本章主要使用 2013—2014 学年中国教育追踪调查(China Education Panel Survey，CEPS)数据。CEPS 由中国人民大学中国调查与数据中心设计与实施的、具有全国代表性的大型追踪调查项目,以 2013—2014 学年为基线,以初中一年级和初中三年级两个同期群为调查起点,以人口平均受教育水平和流动人口比例为分层变量从全国随机抽取了 28 个县级单位(县、区、市)作为调查点。调查的执行以学校为基础,在入选的县级单位随机抽取了 112 所学校、438 个班级,被抽中班级的学生全体入样,基线共调查了约 20 000 名学生。调查的内容包括:学生的基本信息、学生家长的基本信息、社区环境、班主任的基本信息以及学校的基本信息等。

二、模型建立和识别策略

(一) 基准回归: 负向情绪会传染吗?

本节通过建立模型(5-1)来研究班级内他人的负向情绪对本人负向情绪的影响,以识别班级内学生负向情绪的外部性影响是否显著存在:

$$Emotion_{i,j,k} = \beta_0 + \beta_1 Aver\_emotion_{i,j} + \gamma X_{i,j,k} + \mu_{i,j,k} \qquad (5-1)$$

其中,被解释变量 $Emotion_{i,j,k}$ 表示学校 i 班级 j 中学生 k 的短期主观负向情绪,包括:沮丧、不快乐、悲伤、生活没有意思和抑郁。设置为排序变量,以沮丧为例,学生在过去七天之内,是否感觉沮丧:1＝从不;2＝很少;3＝有时;4＝经常;5＝总是。不快乐、悲伤、生活没有意义和抑郁变量的定义同沮丧一致。

核心解释变量 $Aver\_emotion_{i,j}$ 表示学校 i 班级 j 中他人的负向情绪。由班级平均负向情绪(除本人外)表示:班级的平均沮丧程度、平均不快乐程度、

平均悲伤程度、平均生活没有意思程度和平均抑郁程度。计算公式为：

$$Aver\_emotion_{i,j} = \frac{1}{n-1}\sum\nolimits_{m \neq k}^{n-1}(Emotion_{i,j,m}) \qquad (5-2)$$

n 表示班级内被调查学生的人数。控制变量 $X_{i,j,k}$ 包括学生、父母特征变量、学期效应和校级固定效应。（1）学生。年级，1＝9 年级，0＝7 年级；性别，1＝男，0＝女；绝对年龄，调查年份与出生年份的差值；相对年龄，1＝出生月份为 9 月—次年 2 月，0＝出生月份为 3—8 月；民族，1＝汉族，0＝其他民族；户口，设置为哑变量，以农业户口为基准；独生子女，1＝独生子女，0＝非独生子女。（2）父母。工作单位性质，1＝国家机关事业单位领导或工作人员，0＝其他岗位；受教育程度，1＝高中及以上，0＝其他。（3）学期效应：1＝秋季学期，0＝春季学期。（4）校级固定效应。$\mu_{i,j,k}$ 为误差项。回归使用有序（Ordered）Probit 模型估计。为避免受相同班级因素影响而导致扰动项自相关，回归采用聚类到班级层面的稳健标准误。

（二） 考虑情境效应和关联效应

在研究情绪传染性时，存在一个不可忽视的问题，即具有某种特征的个体更容易聚集在一起（关联效应），或个体特征受地理因素的影响通常会表现出相同的特性（情境效应）。在本章中，情境效应指班级内所有学生受到学校、班级等特征的共同影响；关联效应指班级内学生的趋同表现是因为他们具有相似的个人、父母和家庭特征。上述两种效应可能使学生负向情绪的提高被"错误"归因于受班级平均负向情绪的影响。若想推断负向情绪的传染是因果关系，而非相关关系，关键是要控制与情境效应和关联效应相关的遗漏变量。

1. 情境效应

（1）班级特征。同一班级的学生可能因融洽的班级氛围、较小的学习压力和优秀的师资力量等因素而共同表现为较低的负向情绪。（2）学校所在地的地区类型。同一学校的学生可能因较差的校园环境而共同表现为较高的负向情绪。(3)学生家庭所在社区特征。《义务教育法》规定:"地方各级人民政府应当保障适龄儿童、少年在户籍所在地学校就近入学。父母或者其他法定监护人在非户籍所在地工作或者居住的适龄儿童、少年,在其父母或者其他法定监护人工作或者居住地接受义务教育的,当地人民政府应当为其提供平等接受义务教育的条件。"同一班级的学生可能是因"就近入学"政策而聚集的。鉴于此,在模型(5-1)的基础上控制与情境效应相关的特征变量:

$$Emotion_{i,j,k} = \beta_0 + \beta_1 Aver\_emotion_{i,j} + \gamma X_{i,j,k} + \delta Cont_{i,j,k} + \mu_{i,j,k}$$

$$(5-3)$$

控制变量 $Cont_{i,j,k}$ 表示与情境效应相关的特征变量,包括:班级、学校所在地区类型和学生家庭所在社区类型特征变量。

第一,班级。(1)班级氛围,包括同学友好程度和师生关系。关于学校生活,你是否同意下列说法:班里大多数同学对我很友好(班主任老师经常表扬我)。选项:1.完全不同意;2.比较不同意;3.比较同意;4.完全同意。首先对选项依次取值1、2、3、4,然后计算班级均值。(2)学习压力,包括班级平均作业量和班级成绩。①班级平均作业量,将学生花在老师作业上(周一到周五)的时间转换为分钟,然后计算班级平均作业时间,取对数;②班级成绩,学生所在班级的学习成绩在本校同年级的排名情况,1=中上等或最好的,0=中等及以下。(3)师资力量,包括班主任的教龄(取对数);班主任是否因为教学成绩获得(县)区以上奖励,1=有获奖,0=没有获奖。

第二,学校所在地的地区类型:1.市/县城的中心城区;2.市/县城的边缘城区;3.市/县城的城乡结合部;4.市/县城以外的镇;5.农村。将其设置为哑变量,以农村为基准。

第三,学生家庭所在地的社区特征。关于您家所在的社区,您是否同意下列说法:安全(整洁/无污染),1=比较同意或完全同意;0=完全不同意或比较不同意。

2. 关联效应

(1)个人特征。学生可能因考试成绩较低而被分配到同一班级。不同地区学生的健康水平和心理发育程度也可能存在差异。班级内的负向情绪传染可能具有紧密现实接触和网络接触的双重特征,本节主要关注班级内学生现实接触的情绪传染性问题,通过控制学生接触网络的时间变量,避免依赖网络连接的情绪传染影响本节结论。(2)家庭特征。同一班级学生的负向情绪较高可能是由于交通原因(上学路途花费时间较长),也可能是因为家庭经济状况。(3)父母行为。有研究发现缺乏父母的关爱对留守儿童的成长造成严重的负向影响(Dahl and Moretti,2008;李强和臧文斌,2011;李云森,2013;Powdthavee and Vernoit,2013)。在中国农村,17 岁以下的农村孩子,有 1/3 左右的孩子父母外出打工(Zhang et al.,2014)。因此,同一班级学生共同表现为较高的负向情绪可能是父母外出打工导致的。最后,影响学生家长为其子女决策进入现就读学校的因素有很多,我们无法穷尽,而家长的行为通常是综合考虑孩子、家庭和学校因素的最优选择,家长们可能出于某些共同因素的考虑,为了让孩子入读某个学校,而采取相应行为,本节使用家长是否为孩子进入现就读学校而做过相关工作这一变量来刻画部分可能影响学生情绪的共同因素。鉴于此,本章在模型(5-3)的基础上,控制与关联效应相关的特征变量:

$$Emotion_{i,j,k} = \beta_0 + \beta_1 Aver\_emotion_{i,j} + \gamma X_{i,j,k} +$$
$$\delta Con_{i,j,k} + \vartheta Corr_{i,j,k} + \mu_{i,j,k} \tag{5-4}$$

控制变量 $Corr_{i,j,k}$ 表示与关联效应相关的特征变量:学生、家庭和父母行为特征变量。

第一,学生。(1)考试成绩:认知能力测试总分和"语文、数学和英语"期中考试成绩总分,取对数;(2)健康水平:1=比较好/很好,0=很不好/不太好/一般;心理发育程度:就算是我不喜欢的功课我也会尽全力去做(心理发育 I)、就算功课需要花好长时间才能做完我仍然会不断地尽力去做(心理发育 II),1=

比较同意/完全同意,0=不太同意/完全不同意;(4)上网时间:上个周末,平均每天上网、游戏时间,换算为分钟,取对数。

第二,家庭。(1)家庭与学校距离,采用学生睡眠时间(平均晚上睡觉时间换算为分钟,取对数)来间接度量这一特征,在控制作业时间后,睡眠时间能在一定程度上反映学生上学需要花费的时间;(2)家庭经济状况,0=非常困难/比较困难,1=中等/比较富裕/非常富裕。

第三,父母行为。(1)父母与孩子同住,1=学生父母至少有一人外出,0=学生父母双方均在家;(2)父母是否为孩子进入现就读学校而做过相关工作,1=有,0=没有。

三、变量的统计事实

表5-1为模型(5-4)中各变量的统计事实。平均而言,学生的负向情绪为中下程度。班级平均负向情绪与学生基本一致。简单的统计事实仅能描述班级平均负向情绪与学生两者的相关关系,无法真正揭示两者的因果关系。在实证中,本章采用多元回归方法,在控制学生、父母、学校以及情境效应和关联效应之后,研究班级平均负向情绪对学生负向情绪的影响情况,以识别班级内学生负向情绪的外部性影响是否显著存在。

表 5-1 模型(5-4)各变量的统计事实

变量名	均值	标准差	样本量	变量名	均值	标准差	样本量
	(1)	(2)	(3)		(4)	(5)	(6)
核心变量							
生活没意思程度	1.763	1.057	16 528	班级平均悲伤	2.068	0.277	16 528
班级平均生活没意思	1.769	0.258	16 528	沮丧程度	2.263	0.974	16 528
不快乐程度	2.324	1.022	16 528	班级平均沮丧	2.263	0.258	16 528
班级平均不快乐	2.323	0.277	16 528	抑郁程度	2.003	1.041	16 528
悲伤程度	2.062	1.021	16 528	班级平均抑郁	2.006	0.279	16 528
基准控制变量							
9 年级	0.492	0.500	16 528	汉族	0.916	0.277	16 528
男性	0.506	0.500	16 528	独生子女	0.444	0.497	16 528

变量名	均值 (1)	标准差 (2)	样本量 (3)	变量名	均值 (4)	标准差 (5)	样本量 (6)
绝对年龄	13.913	1.331	16 528	母亲工作：公务员	0.034	0.181	16 528
相对年龄	0.526	0.500	16 528	父亲工作：公务员	0.052	0.222	16 528
非农业户口	0.266	0.442	16 528	父亲教育：高中及以上	0.356	0.479	16 528
居民户口	0.198	0.398	16 528	母亲教育：高中及以上	0.290	0.454	16 528
没有户口	0.002	0.044	16 528	秋季学期	0.630	0.483	16 528
农业户口	0.535	0.499	16 528	情境效应			
同学友好程度	3.268	0.206	16 528	社区：整洁	0.684	0.465	14 997
师生关系	2.337	0.311	16 528	社区：污染	0.634	0.482	14 997
班级平均作业量	4.981	0.344	16 414	校：市/县城中心城区	0.394	0.489	14 997
班级成绩	0.812	0.391	16 414	校：市/县城边缘城区	0.122	0.328	14 997
班主任教龄(对数)	2.584	0.741	15 951	校：市/县城乡结合部	0.123	0.329	14 997
班主任获奖	0.796	0.403	15 951	校：市/县城外的镇	0.186	0.389	14 997
社区：安全	0.788	0.409	14 997	校：农村	0.175	0.380	14 997
认知能力(对数)	2.238	0.433	14 508	关联效应			
				上网时间(对数)	1.128	4.455	14 262
"语数外"成绩(对数)	5.457	0.339	14 529	睡眠时间(对数)	6.154	0.163	14 108
健康水平	0.735	0.441	14 529	家庭经济状况：非贫困	0.801	0.400	14 108
心理发育Ⅰ	0.852	0.355	14 325	父母同住	0.217	0.412	13 978
心理发育Ⅱ	0.869	0.337	14 307	父母为孩子上学做过工作	0.736	0.441	13 978

注：由于 CEPS 数据调查的学生对象是 7 年级和 9 年级，表中 9 年级表示 9 年级学生的比例。

第三节 实证结果分析

一、基准回归

表5-2汇报模型(5-1)的回归结果。其中,第(1)—(5)列不含控制变量,分别研究班级内他人的沮丧/不快乐/悲伤/生活没意思/抑郁程度对本人沮丧/不快乐/悲伤/生活没意思/抑郁的影响情况;第(6)—(10)列分别在第(1)—(5)列的基础上控制学生(年级、性别、绝对年龄、相对年龄、民族、户口和独生子女)、父母(工作单位性质和受教育程度)、调查学期和校级固定效应特征变量。实证结果显示:班级内他人的负向情绪对本人的负向情绪呈显著的正向影响,即班级内学生间的负向情绪会传染。这表明班级内学生负向情绪的外部性影响显著存在。

表5-2 负向情绪是否会传染:基准回归

被解释变量(个人)	沮丧	抑郁	不快乐	生活没意思	悲伤
回归序号	(1)	(2)	(3)	(4)	(5)
负向情绪 (班级平均)	0.751*** (0.026)	0.762*** (0.028)	0.752*** (0.025)	0.687*** (0.035)	0.762*** (0.024)
样本量	16 528	16 528	16 528	16 528	16 528
Pseudo R^2	0.012	0.014	0.014	0.010	0.014
被解释变量(个人)	沮丧	不快乐	悲伤	生活没意思	抑郁
回归序号	(6)	(7)	(8)	(9)	(10)
负向情绪 (班级平均)	0.319*** (0.054)	0.367*** (0.053)	0.381*** (0.050)	0.339*** (0.055)	0.210*** (0.070)
性别:男性	−0.205*** (0.018)	−0.105*** (0.018)	−0.109*** (0.018)	0.055*** (0.020)	0.025 (0.018)
绝对年龄	0.056*** (0.013)	0.037*** (0.013)	0.059*** (0.013)	0.050*** (0.014)	0.046*** (0.013)

被解释变量(个人)	沮丧	不快乐	悲伤	生活没意思	抑郁
回归序号	(6)	(7)	(8)	(9)	(10)
相对年龄	0.012	−0.005	−0.028	−0.006	−0.004
	(0.018)	(0.017)	(0.017)	(0.018)	(0.017)
民族：汉族	0.024	−0.050	0.042	0.012	−0.060
	(0.047)	(0.042)	(0.048)	(0.045)	(0.044)
独生子女	−0.041*	−0.012	−0.054**	−0.019	−0.039*
	(0.026)	(0.021)	(0.022)	(0.023)	(0.023)
非农业户口	−0.002	0.007	0.034	−0.035	0.005
	(0.027)	(0.026)	(0.026)	(0.027)	(0.026)
居民户口	0.041	0.017	0.062**	0.072***	0.067***
	(0.026)	(0.026)	(0.025)	(0.027)	(0.025)
没有户口	0.523***	0.264	0.453**	0.279	0.146
	(0.160)	(0.195)	(0.178)	(0.203)	(0.170)
母亲工作：公务员	0.019	−0.035	0.010	−0.008	−0.052
	(0.059)	(0.055)	(0.059)	(0.058)	(0.062)
父亲工作：公务员	0.009	−0.001	0.059	−0.015	0.012
	(0.044)	(0.041)	(0.044)	(0.046)	(0.045)
父亲教育：高中及	−0.005	−0.034	−0.017	−0.035	0.020
以上	(0.023)	(0.023)	(0.023)	(0.026)	(0.022)
母亲教育：高中及	−0.065***	−0.092***	−0.043*	−0.033	−0.067***
以上	(0.022)	(0.023)	(0.026)	(0.026)	(0.025)
学期效应	是	是	是	是	是
年级效应	是	是	是	是	是
校级效应	是	是	是	是	是
样本量	16 528	16 528	16 528	16 528	16 528
Pseudo R^2	0.020	0.019	0.020	0.015	0.020

注：括号内为聚类到班级层面的稳健标准误，***、**、*分别为1%、5%和10%水平上显著。各列回归中，核心解释变量(班级层面)和被解释变量(个体层面)的负向情绪相一致，例如，第(1)列的负向情绪(班级平均)为班级平均沮丧程度(除本人外)。限于篇幅，学期效应、年级效应和校级固定效应实证结果，未予列示。

二、考虑情境效应和关联效应

(一) 情境效应

在表5-2的基础上，表5-3进一步控制与情境效应相关的特征变量，包括

家庭情境特征、家庭位置和学校位置等特征变量(详见表5-1)。第(1)—(5)列
分别研究班级内他人的沮丧程度/不快乐/悲伤/生活没意思/抑郁程度是否会
传染给本人。结果显示：控制与情境效应相关的特征变量后，除了抑郁，班级
内他人的负向情绪对本人的负向情绪仍呈显著正向影响。之所以出现"抑郁情
绪无法传染"的原因，可能是抑郁比沮丧、不快乐、悲伤或者生活没意思严重得
多，不易传染给他人，也可能是与情境效应相关的特征变量能消除"抑郁情绪的
传染"。

表 5-3　情境效应：有序 Probit

被解释变量(个人)	沮丧	不快乐	悲伤	生活没意思	抑郁
回归序号	(1)	(2)	(3)	(4)	(5)
负向情绪	0.261***	0.246***	0.309***	0.170***	0.082
(班级平均)	(0.064)	(0.066)	(0.059)	(0.065)	(0.077)
同学友好程度	−0.232***	−0.373***	−0.365***	−0.486***	−0.377***
(班级平均)	(0.064)	(0.070)	(0.064)	(0.076)	(0.075)
师生关系	−0.067	−0.039	0.030	−0.035	−0.057
(班级平均)	(0.046)	(0.049)	(0.046)	(0.053)	(0.055)
班级平均作业量	0.100**	0.083**	0.066	0.068	0.101**
	(0.043)	(0.040)	(0.041)	(0.046)	(0.046)
班级成绩：优秀	−0.150	−0.321***	−0.397***	−0.210	−0.073
	(0.109)	(0.116)	(0.102)	(0.177)	(0.187)
班主任教龄	0.004	0.016	0.010	0.000	0.028
(对数)	(0.013)	(0.013)	(0.013)	(0.014)	(0.018)
班主任获奖	0.004	0.001	0.004	0.020	0.025
	(0.025)	(0.025)	(0.025)	(0.028)	(0.027)
社区：安全	−0.077***	−0.091***	−0.067**	−0.110***	−0.081***
	(0.026)	(0.026)	(0.026)	(0.028)	(0.028)
社区：整洁	−0.054**	−0.050*	−0.019	−0.051*	−0.035
	(0.026)	(0.026)	(0.025)	(0.028)	(0.027)
社区：无污染	−0.038*	−0.048**	−0.075***	−0.036	−0.058**
	(0.022)	(0.023)	(0.023)	(0.025)	(0.024)
学校：市/县城中心城区	0.269**	0.097	0.076	0.366***	−0.053
	(0.110)	(0.105)	(0.052)	(0.116)	(0.111)
学校：市/县城边缘城区	0.076**	−0.050	0.044	0.148	0.071
	(0.034)	(0.063)	(0.047)	(0.090)	(0.064)

续表

被解释变量(个人)	沮丧	不快乐	悲伤	生活没意思	抑郁
回归序号	(1)	(2)	(3)	(4)	(5)
学校:市/县城乡结合部	−0.014	−0.299**	−0.379***	−0.050	−0.277***
	(0.056)	(0.120)	(0.056)	(0.119)	(0.070)
学校:市/县城外的镇	0.148*	0.218***	0.221***	0.161	0.041
	(0.077)	(0.069)	(0.065)	(0.106)	(0.122)
控制变量	是	是	是	是	是
校级固定效应	是	是	是	是	是
样本量	14 997	14 997	14 997	14 997	14 997
Pseudo R²	0.023	0.022	0.309	0.017	0.022

注:括号内为聚类到班级层面的稳健标准误,***、**、*分别为1%、5%和10%水平上显著。各列回归中,核心解释变量(班级层面)和被解释变量(个体层面)的负向情绪相一致,例如,第(1)列的负向情绪(班级平均)为班级平均沮丧程度(除本人外)。控制变量同表5-2一致,具体包括:学生(年级、性别、绝对年龄、相对年龄、民族、户口和独生子女)、父母(工作单位性质及受教育程度)、学期效应和年级效应。限于篇幅,各情境效应特征变量、控制变量和校级固定效应变量的实证结果,未予列示。

(二) 关联效应

在表5-3的基础上,表5-4进一步控制与关联效应相关的特征变量,包括学生、家庭和父母行为特征变量(详见表5-1)。第(1)—(5)列分别研究班级内他人的沮丧程度/不快乐/悲伤/生活没意思/抑郁程度是否会传染给本人。结果显示:控制与关联效应相关的特征变量后,除了抑郁,班级内他人的负向情绪对本人的负向情绪仍呈显著正向影响。综上,即使控制与情境效应和关联效应相关的特征变量,班级内学生间的负向情绪仍会传染。

表 5 - 4   关联效应:有序 Probit

被解释变量(个人)	沮丧	不快乐	悲伤	生活没意思	抑郁
回归序号	(1)	(2)	(3)	(4)	(5)
负向情绪(班级平均)	0.244***	0.227***	0.313***	0.138**	0.051
	(0.072)	(0.067)	(0.066)	(0.070)	(0.078)
认知能力(对数)	−0.085***	−0.068**	−0.107***	−0.008	−0.073***
	(0.029)	(0.030)	(0.028)	(0.030)	(0.027)

被解释变量(个人)	沮丧	不快乐	悲伤	生活没意思	抑郁
回归序号	(1)	(2)	(3)	(4)	(5)
"语数外"成绩	0.047	−0.015	−0.073*	−0.199***	−0.049
(对数)	(0.041)	(0.043)	(0.040)	(0.039)	(0.040)
健康水平	−0.398***	−0.433***	−0.058***	−0.457***	−0.445***
	(0.021)	(0.022)	(0.033)	(0.023)	(0.021)
心理发育 I	−0.066**	−0.074**	−0.107*	−0.176***	−0.095***
	(0.032)	(0.031)	(0.033)	(0.034)	(0.031)
心理发育 II	−0.114***	−0.115***	0.007***	−0.195***	−0.128***
	(0.032)	(0.032)	(0.002)	(0.033)	(0.034)
上网时间	0.008***	0.005**	0.007***	0.017***	0.013***
(对数)	(0.002)	(0.002)	(0.002)	(0.002)	(0.002)
家庭与学校距离	−0.666***	−0.608***	−0.684***	−0.691***	−0.792***
(睡眠时间)	(0.074)	(0.075)	(0.073)	(0.077)	(0.079)
家庭经济状况:	−0.045*	−0.122***	−0.070***	−0.089***	−0.087***
非贫困	(0.025)	(0.024)	(0.026)	(0.027)	(0.024)
是否与父母同住:	0.067***	0.098***	0.098***	0.113***	0.093***
不同住	(0.022)	(0.022)	(0.023)	(0.025)	(0.024)
父母为小孩上学做过	−0.076***	−0.089***	−0.061***	−0.058**	−0.094***
工作	(0.021)	(0.023)	(0.020)	(0.023)	(0.024)
情境效应特征	是	是	是	是	是
控制变量	是	是	是	是	是
校级效应	是	是	是	是	是
样本量	13 433	13 433	13 433	13 433	13 433
Pseudo R^2	0.039	0.040	0.039	0.044	0.045

注：括号内为聚类到班级层面的稳健标准误，***、**、*分别为1%、5%和10%水平上显著。各列回归中，核心解释变量(班级层面)和被解释变量(个体层面)的负向情绪相一致，例如，第(1)列的负向情绪(班级平均)为班级平均沮丧程度(除本人外)。情境效应特征变量同表5-3一致，包括班级特征、家庭所在地特征、学校地区类型特征。控制变量同表5-2一致，具体包括：学生(年级、性别、绝对年龄、相对年龄、民族、户口和独生子女)、父母(工作单位性质和受教育程度)、学期效应和年级效应。限于篇幅，各情境效应特征变量、控制变量和校级固定效应变量的实证结果，未予列示。

三、进一步研究：不同社交频繁度和性别差异

(一) 不同社交频繁度的差异

情绪是否会传染依赖于社会交往的频繁度和区域接近度。与村委和城市

社区等相比,班级内的学生相互认识,区域接近度明显更高,但并不代表班级内学生间的交流会十分频繁。若如上文发现的:负向情绪存在传染性,且是在班级内通过同学间传染的,那么不同交往频繁度的学生受到的负向情绪影响应该不同。与同学交往更加频繁的学生,受班级内同学负向情绪的影响应该更大。

交流是学生间双向选择的结果,本节从主动交流和被动交流两个角度,研究负向情绪的传染在不同社交频繁组中是否存在差异。定义如下:(1)主动交流。主动交流(高频繁组)=学生想跟人聊天时,首先会找同学或朋友[①];主动交流(低频繁组)=学生找的是父母、某个亲戚、学校老师或者没人可找。相比于主动交流(低频繁组),负向情绪的传染性在主动交流(高频繁组)中应更为显著。与普通同学相比,学生与好朋友的交流更为频繁,如果学生的好朋友是同班同学[②],受负向情绪的传染影响应更为显著。(2)被动交流。一般情况下,容易与他人相处的学生,他人越可能主动与自己交流。学生会根据自己与同学的交往密切程度来判断自己是否与他人好相处。被动交流(高频繁组)=学生认为自己很容易与人相处(完全同意或比较同意)[③];被动交流(低频繁组)=学生不认为自己很容易与人相处(完全不同意或比较不同意)。与主动交流类似,本节也考察在被动交流(高频繁组)中,负向情绪的传染是否受好朋友与其同班的影响。

表5-5结果表明,无论是主动交流,还是被动交流,负向情绪的传染在不同社交频繁组中存在差异。具体为:负向情绪更容易传染给高频繁组中的学生[第(1)、(5)列],不容易传染给低频繁组中的学生[第(2)、(6)列];在高频繁

---

① 数据来源:2013—2014学年中国教育追踪调查数据(CEPS)。当你想跟人聊天时,你首先会找谁?选项:同学、好朋友;父母;某个亲戚;学校老师;没人可找。

② 2013—2014中国教育追踪调查数据(CEPS):你最好的五个好朋友是否与你同班?选项:是;否。如果某学生的五个好朋友均不与其同班,视为非同班组;如果五个好朋友至少有一个与其同班,视为同班组。

③ 数据来源:2013—2014学年中国教育追踪调查数据(CEPS)。关于学校生活,你是否同意下列说法:我认为自己很容易与人相处,选项:完全不同意;比较不同意;比较同意;完全同意。

表 5-5　不同交流频繁度差异

交流类型	主动交流					被动交流		
回归样本	高频繁 I	低频繁 I	高频繁 I（同班）	高频繁 I（非同班）	高频繁 II	低频繁 II	高频繁 II（同班）	高频繁 II（非同班）
	(1)	(2)	(3)	(4)	(5)	(6)	(7)	(8)
	被解释变量：（个人）沮丧							
班级平均沮丧	0.271***	0.114	0.263***	0.284	0.258***	0.269**	0.245***	0.397*
	(0.074)	(0.153)	(0.078)	(0.185)	(0.077)	(0.131)	(0.082)	(0.213)
关联/情境特征	是	是	是	是	是	是	是	是
控制变量	是	是	是	是	是	是	是	是
校级效应	是	是	是	是	是	是	是	是
样本量	11 189	2 224	10 102	922	11 199	2 168	10 161	895
Pseudo R^2	0.040	0.063	0.040	0.090	0.039	0.054	0.040	0.109
	被解释变量：（个人）不快乐							
班级平均不快乐	0.221***	0.193	0.213***	0.351*	0.253***	0.079	0.228***	0.449**
	(0.062)	(0.171)	(0.065)	(0.190)	(0.070)	(0.137)	(0.074)	(0.188)
关联/情境特征	是	是	是	是	是	是	是	是
控制变量	是	是	是	是	是	是	是	是
校级效应	是	是	是	是	是	是	是	是
样本量	11 189	2 224	10 102	922	11 199	2 168	10 161	895
Pseudo R^2	0.039	0.062	0.041	0.082	0.039	0.053	0.040	0.102

续表

交流类型	主动交流				被动交流			
回归样本	高频繁 I	低频繁 I	高频繁 I（同班）	高频繁 I（非同班）	高频繁 II	低频繁 II	高频繁 II（同班）	高频繁 II（非同班）
	(1)	(2)	(3)	(4)	(5)	(6)	(7)	(8)
被解释变量：（个人）悲伤								
班级平均悲伤	0.322***	0.172	0.334***	0.143	0.364***	0.169	0.358***	0.394*
	(0.070)	(0.134)	(0.068)	(0.219)	(0.069)	(0.135)	(0.070)	(0.230)
关联/情境特征	是	是	是	是	是	是	是	是
控制变量	是	是	是	是	是	是	是	是
校级效应	是	是	是	是	是	是	是	是
样本量	11189	2224	10102	922	11199	2168	10161	895
Pseudo R^2	0.040	0.063	0.041	0.082	0.040	0.050	0.041	0.102
被解释变量：（个人）生活没意思								
班级平均生活没意思	0.176**	−0.093	0.220***	−0.325	0.149**	0.151	0.175**	−0.050
	(0.071)	(0.153)	(0.072)	(0.204)	(0.073)	(0.136)	(0.075)	(0.207)
关联/情境特征	是	是	是	是	是	是	是	是
控制变量	是	是	是	是	是	是	是	是
校级效应	是	是	是	是	是	是	是	是
样本量	11189	2224	10102	922	11199	2168	10161	895
Pseudo R^2	0.042	0.079	0.043	0.099	0.044	0.047	0.045	0.115

续表

交流类型	主动交流				被动交流			
回归样本	高频繁 I	低频繁 I	高频繁 I（同班）	高频繁 I（非同班）	高频繁 II	低频繁 II	高频繁 II（同班）	高频繁 II（非同班）
	(1)	(2)	(3)	(4)	(5)	(6)	(7)	(8)
	被解释变量：（个人抑郁）							
班级平均抑郁	0.132*	-0.352**	0.111	0.360*	0.071	0.085	0.065	0.259
	(0.078)	(0.160)	(0.078)	(0.209)	(0.084)	(0.138)	(0.083)	(0.224)
关联/情境特征	是	是	是	是	是	是	是	是
控制变量	是	是	是	是	是	是	是	是
校级效应	是	是	是	是	是	是	是	是
样本量	11189	2224	10102	922	11199	2168	10161	895
Pseudo R^2	0.044	0.072	0.045	0.094	0.045	0.049	0.046	0.115

注：括号内为聚类到班级层面的稳健标准误，****，***，**，*分别为1%、5%和10%水平上显著。上述各班级平均"负向情绪"变量均为班级平均"负向情绪"（除本人外）。关联效应"负向情绪"变量，关联效应特征变量，家庭和父母行为特征变量同表5-3一致，情境效应变量同表5-3一致，包括班级特征，学校所在地特征，家庭所在地区类型特征。控制变量同表5-2一致，具体包括：学生（年级、性别，相对年龄，绝对年龄，民族，户口和独生子女），父母（工作单位性质和受教育程度），学期单位性质和受教育程度），学期效应）、各情境效应固定效应。限于篇幅，各情境效应固定变量，控制变量和校级固定效应变量的实证结果未予列示。

组中,如果学生有好朋友与其同班,负向情绪的传染会明显[第(3)、(7)列]。如果学生没有好朋友与其同班,负向情绪的传染不明显[第(4)、(8)列]①。

(二) 性别差异

艾森伯格和列侬(Eisenberg and Lennon,1983)、辛普森和斯特罗(Simpson and Stroh,2004)实验发现:女性比男性更容易受到他人情绪变化的影响。此外,女性比男性更容易注重外部回馈,更容易受到情绪感染(Doherty et al.,1995)。刘斌等(2012)实证发现:相比于男性,幸福感更容易传染给女性。表5-6的结果表明,负向情绪也更容易传染给女生。

表5-6 性别差异

被解释变量	沮丧	不快乐	悲伤	生活没意思	抑郁
回归序号	(1)	(2)	(3)	(4)	(5)
男性样本					
负向情绪 (班级平均)	0.165* (0.095)	0.216** (0.102)	0.343*** (0.087)	0.099 (0.091)	−0.028 (0.099)
关联效应	是	是	是	是	是
情境效应	是	是	是	是	是
控制变量	是	是	是	是	是
校级固定效应	是	是	是	是	是
样本量	6 603	6 603	6 603	6 603	6 603
被解释变量	沮丧	不快乐	悲伤	生活没意思	抑郁
回归序号	(6)	(7)	(8)	(9)	(10)
女性样本					
负向情绪 (班级平均)	0.316*** (0.083)	0.252*** (0.075)	0.273*** (0.074)	0.208** (0.088)	0.141 (0.089)
关联效应	是	是	是	是	是
情境效应	是	是	是	是	是
控制变量	是	是	是	是	是

① 这一实证结果在一定程度上缓解了我们对遗漏重要变量的担忧。

被解释变量	沮丧	不快乐	悲伤	生活没意思	抑郁
回归序号	（6）	（7）	（8）	（9）	（10）
校级固定效应	是	是	是	是	是
样本量	6 830	6 830	6 830	6 830	6 830

注：括号内为聚类到班级层面的稳健标准误，＊＊＊、＊＊、＊分别为1%、5%和10%水平上显著。上述各班级平均"负向情绪"变量均为班级平均"负向情绪"（除本人外）。关联效应特征变量同表5－4一致，包括学生、家庭和父母行为特征变量。情境效应特征变量同表5－3一致，包括班级特征、家庭所在地特征、学校地区类型特征。控制变量同表5－2一致，具体包括：学生（年级、性别、绝对年龄、相对年龄、民族、户口和独生子女）、父母（工作单位性质和受教育程度）、学期效应和年级效应。限于篇幅，关联效应、情境效应、控制变量和校级固定效应的实证结果，未予列示。

四、稳健性检验：使用 OLS 和 IV－2SLS

首先，表5－7第一部分使用OLS估计方法。结果显示，控制相关特征变量（同表5－2一致）后，班级内他人的负向情绪会正向影响本人的负向情绪。使用OLS估计可能因遗漏变量导致估计系数有偏，第二部分使用两阶段最小二乘法IV－2SLS估计，并选取班级平均的家长特征变量（班级其他学生母亲与子女谈心情的比例、班级其他学生家长健康水平）作为班级平均负向情绪的工具变量[①]。有效的工具变量应满足两个条件：（1）相关性。母亲与孩子谈心情能够在一定程度上缓解，甚至消除学生的负向情绪，而健康的家长可以从多方面关心和照顾孩子，也会影响学生的情绪。班级其他学生母亲与子女谈心情的比例，以及家长健康状况与班级平均负向情绪存在较强的相关关系。（2）外生性。对于学生，班级其他学生家长的特征变量是相对外生。其他学生家长特征很难通过本章强调的情绪传染之外的途径，直接影响学生本人的情绪，下文就此提

---

① 数据来源：2013—2014学年中国教育追踪调查数据（CEPS）。（1）班级其他学生母亲与子女谈心情的比例。你的妈妈是否经常与你讨论以下问题：你的心情？1＝偶尔或经常；0＝从不。以班级为单位，计算班级学生母亲与子女谈心的比例（除本人外）。（2）班级其他学生家长健康水平。与同龄人相比，您觉得您目前的身体健康状况是？选项：1.很不健康；2.比较不健康；3.一般；4.比较健康；5.很健康。定义同班级平均负向情绪（除本人外）一样。

供了相关证据。

表 5 - 7　稳健性检验：OLS 和 IV - 2SLS

OLS 估计				
被解释变量(个人)	沮丧	不快乐	悲伤	生活没意思	抑郁
回归序号	(1)	(2)	(3)	(4)	(5)
负向情绪	0.292***	0.337***	0.342***	0.279***	0.195***
(班级平均)	(0.050)	(0.050)	(0.049)	(0.051)	(0.062)
控制变量	是	是	是	是	是
校级固定效应	是	是	是	是	是
样本量	15 426	15 426	15 426	15 426	15 426
IV - 2SLS 估计				
被解释变量(个人)	沮丧	不快乐	悲伤	生活没意思	抑郁
回归序号	(6)	(7)	(8)	(9)	(10)
负向情绪	0.650***	0.669***	0.601***	0.639***	0.572***
(班级平均)	(0.115)	(0.076)	(0.126)	(0.074)	(0.110)
控制变量	是	是	是	是	是
校级固定效应	是	是	是	是	是
样本量	15 426	15 426	15 426	15 426	15 426
第一阶段回归				
妈妈是否谈心	−0.401***	−0.675***	−0.471***	−0.827***	−0.617***
(班级平均)	(0.113)	(0.123)	(0.116)	(0.126)	(0.114)
父母健康状况	−0.152***	−0.210***	−0.109**	−0.160***	−0.121**
(班级平均)	(0.054)	(0.054)	(0.055)	(0.055)	(0.054)
控制变量	是	是	是	是	是
校级固定效应	是	是	是	是	是
样本量	15 426	15 426	15 426	15 426	15 426
内生性检验：DWH	4.426	9.396	2.350	9.734	5.255
	(0.036)	(0.002)	(0.126)	(0.002)	(0.022)
弱工具检验：F 值	338.758***	631.468***	266.306***	819.139***	539.982***
(P 值)	(0.000)	(0.000)	(0.000)	(0.000)	(0.000)
过度识别检验	0.025	0.037	0.231	0.006	0.687
(P 值)	(0.875)	(0.847)	(0.631)	(0.938)	(0.407)

注：括号内为聚类到班级层面的稳健标准误，***、**、*分别为1%、5%和10%水平上显著。各列回归中，核心解释变量(班级层面)和被解释变量(个体层面)的负向情绪相一致，例如，第(1)列的负向情绪(班级平均)为班级平均沮丧程度(除本人外)。控制变量同表 5 - 2 一致，具体包括：学生(年级、性别、绝对年龄、相对年龄、民族、户口和独生子女)、父母(工作单位性质和受教育程度)、学期效应和年级效应。限于篇幅，控制变量与校级固定效应实证结果，未予列示。

表 5-7 第二部分 IV-2SLS 估计结果显示：内生性检验(DWH)结果表明,可以在 5% 或 1% 的水平上拒绝"所有变量均为外生变量"的假设(除悲伤),弱工具变量检验的 F 统计量均大于 10,可以拒绝"存在弱工具变量"原假设,过度识别检验结果无法拒绝"所有工具变量均外生"的原假设。从 IV-2SLS 估计结果看,他人的负向情绪会显著正向影响本人的负向情绪,且估计系数比 OLS 估计的系数更大,与刘斌等(2012)研究幸福感的传染性类似。

下面进行排他性检验和其他相关检验,为本节选取工具变量的合理性提供更多的证据。更愿意与孩子交流、更为健康的(他人)家长,会通过影响班级他人情绪,影响本人情绪。但是,更愿意与孩子交流、更为健康的(他人)家长也可能通过其他方式影响本人情绪,比如,更加关心孩子的家长可能与班级内其他家长和老师交流的可能性更大。若存在这一情况,本节选取的工具变量则无法满足排他性。基于此,下文考察班级他人家长的行为是否会通过其他途径影响本人的情绪,并提供了以下证据：(1)班级他人家长的行为并不会影响本人家长的行为,至少本章采用的工具变量(与孩子谈心情和健康水平)是如此;(2)在剔除学生家长间交流或家长老师交流途径的样本之后,负向情绪仍会传染。

第一,同一班级的学生家长可能存在共同的特征(比如班级他人家长的健康水平和本人家长的健康状况相似),倘若如此,使用他人家长的健康水平作为工具变量,将会与扰动项相关。然而,表 5-8 第(1)、(2)列结果表明,班级他人家长的健康水平与本人家长的健康水平没有显著关系。

第二,学生家长间在交流时可能会谈论孩子的心情、学习等问题,在教育观念、行为上可能会产生相互学习的效应。倘若如此,班级他人母亲与孩子谈心情的行为会通过影响本人母亲是否与本人谈心情,进而影响到本人的负向情绪。表 5-8 第(3)、(4)列结果表明,班级他人母亲与孩子谈心情对本人母亲与孩子谈心情并没有显著影响。

表 5 - 8　工具变量的排他性检验

被解释变量	本人家长健康状况		本人母亲与孩子谈心	
估计方法	有序 Probit		Probit	
回归序号	(1)	(2)	(3)	(4)
班级平均家长健康状况	0.109	0.112		0.065
（除本人外）	(0.169)	(0.170)		(0.074)
班级平均母亲谈心		0.024	0.147	0.079
（除本人外）		(0.120)	(0.203)	(0.206)
控制变量	是	是	是	是
校级固定效应	是	是	是	是
样本数	15 621	15 426	16 303	15 414
Pseudo R^2	0.025	0.025	0.046	0.046

注：括号内为聚类到班级层面的稳健标准误，＊＊＊、＊＊、＊分别为1%、5%和10%水平上显著。控制变量同表 5 - 2 一致，具体包括：学生（年级、性别、绝对年龄、相对年龄、民族、户口和独生子女）、父母（工作单位性质和受教育程度）、学期效应和年级效应。限于篇幅，控制变量与校级固定效应实证结果，未予列示。

　　第三，家长间交流可能会改变家长的其他行为。我们无法检验家长的全部行为，但仍尝试通过其他方式提供相关证据。基本思路是，若班级内他人的家长不认识本人家长，那么将很难通过改变本人家长的行为，间接影响本人的情绪。表 5 - 9 为采用不认识其他学生家长的样本[1]，重新计算班级内平均负向情绪，再按照表 5 - 7 第(6)—(10)列进一步使用 IV - 2SLS 估计[2]。其中，第(1)—(5)列为选取班级内有 5 位及以上在家长问卷中报告不认识其他家长的样本；

[1]　数据来源：2013—2014 学年中国教育追踪调查数据（CEPS）。您认识与孩子常在一起的朋友的家长吗？1.不认识；2.认识一部分；3.全部认识。

[2]　由于仅有 25%的学生家长不认识与孩子一起玩的朋友的家长，所以在计算班级平均负向情绪时，可能面临班级内样本较少的情况，导致估计偏误（极端点看，1 个学生的家长很难通过影响孩子的情绪，影响班级其他学生的情绪）。为了获得较为稳健的结果，本节分别保留班级内有 5 位及以上和 10 位及以上在家长问卷中报告不认识其他家长的样本（由 2013—2014 CEPS 可知，每个班级报告不认识其他学生家长的学生家长数均值为 10.03；没有主动联系老师的学生家长数均值为 12.39）。作为稳健性检验，笔者也分别对班级内 6 位及以上、7 位及以上、8 位及以上、9 位及以上在家长问卷中报告不认识其他家长或没主动联系老师的样本。结论不变，限于篇幅，未列示于正文，见附录二附表 2 - 16。

第(6)—(10)列为选取班级内有 10 位及以上在家长问卷中报告不认识其他家长的样本。结果显示：即使排除家长间相互交流的途径，班级内负向情绪仍会传染。

表 5 - 9　工具变量"排他性"的其他检验：不认识其他学生家长样本

被解释变量(个人)	沮丧	不快乐	悲伤	生活没意思	抑郁
回归样本	不认识其他学生家长的学生家长样本为 5 个及以上的班级				
估计方法	IV - 2SLS				
回归序号	(1)	(2)	(3)	(4)	(5)
负向情绪(班级平均)	0.446**	0.552***	0.396	0.534***	0.363***
	(0.207)	(0.162)	(0.489)	(0.128)	(0.121)
控制变量	是	是	是	是	是
校级固定效应	是	是	是	是	是
样本数	11 213	11 213	11 213	11 213	11 213
	沮丧	不快乐	悲伤	生活没意思	抑郁
	不认识其他学生家长的学生家长样本为 10 个及以上的班级				
	IV - 2SLS				
	(6)	(7)	(8)	(9)	(10)
负向情绪(班级平均)	0.507**	0.303	0.243	0.430***	0.450***
	(0.211)	(0.304)	(0.226)	(0.115)	(0.151)
控制变量	是	是	是	是	是
校级固定效应	是	是	是	是	是
样本数	6 163	6 163	6 163	6 163	6 163

　　注：括号内为聚类到班级层面的稳健标准误，***、**、*分别为1%、5%和10%水平上显著。各列回归中，核心解释变量(班级层面)和被解释变量(个体层面)的负向情绪相一致，例如，第(1)列的负向情绪(班级平均)为班级平均沮丧程度(除本人外)。控制变量同表5-2一致，具体包括：学生(年级、性别、绝对年龄、相对年龄、民族、户口和独生子女)、父母(工作单位性质和受教育程度)、学期效应和年级效应。限于篇幅，第一阶段回归结果、控制变量与校级固定效应实证结果，未予列示。

　　第四，家长也可能与老师谈论孩子的学习和心情，进一步影响老师(尤其是班主任)的行为。与家长间交流类似，若班级他人的家长与班主任老师没有联

系,将很难通过改变班主任的行为,从而间接影响本人情绪。因此,表 5 - 10 第
(1)—(10)列为采用家长不主动与班主任联系的样本[1],重新计算班级内平均负
向情绪,再按照表 5 - 7 第(6)—(10)列进一步使用 IV - 2SLS 估计。其中,第
(1)—(5)列选取班级内有 5 位及以上在家长问卷中报告不主动联系班主任的
样本;第(6)—(10)列选取班级内有 10 位及以上在家长问卷中报告不主动联系
班主任的样本。结论不变[2]。

表 5 - 10　工具变量"排他性"的其他检验:不与班主任联系样本

被解释变量(个人)	沮丧	不快乐	悲伤	生活没意思	抑郁
回归样本	不与班主任联系的学生家长样本为 5 个及以上的班级				
估计方法	IV - 2SLS				
回归序号	(1)	(2)	(3)	(4)	(5)
负向情绪(班级平均)	0.893*	0.870***	0.524*	0.868***	0.896*
	(0.458)	(0.263)	(0.308)	(0.307)	(0.487)
控制变量	是	是	是	是	是
校级固定效应	是	是	是	是	是
样本数	13 653	13 653	13 653	13 653	13 653
	沮丧	不快乐	悲伤	生活没意思	抑郁
	不与班主任联系的学生家长样本为 10 个及以上的班级				
	IV - 2SLS				
	(6)	(7)	(8)	(9)	(10)
负向情绪(班级平均)	0.823***	0.921***	0.619*	1.210	0.311
	(0.314)	(0.313)	(0.331)	(0.961)	(0.307)

[1]　数据来源:2013—2014 学年中国教育追踪调查数据(CEPS)。这学期以来,孩子的家长是
否曾经主动联络学校老师? 1.从来没有(占 27%);2.一次;3.二到四次;4.五次以上。
[2]　作为稳健性检验,本节也采用班主任不主动与家长联系的样本,然后,重新计算班级内平
均负向情绪,再按照表 5 - 7 第(6)—(10)列进一步使用 IV - 2SLS 估计。结论仍不变。
限于篇幅,实证结果未列示于正文,见附录二附表 2 - 17。数据来源:2013—2014 学年中
国教育追踪调查数据(CEPS)。这学期以来,孩子的老师是否主动联系过您? 1.从来没
有(占 37%);2.一次;3.二到四次;4.五次以上。

续表

	沮丧	不快乐	悲伤	生活没意思	抑郁
	不与班主任联系的学生家长样本为 10 个及以上的班级				
	IV - 2SLS				
	(6)	(7)	(8)	(9)	(10)
控制变量	是	是	是	是	是
校级固定效应	是	是	是	是	是
样本数	9 494	9 494	9 494	9 494	9 494

注：括号内为聚类到班级层面的稳健标准误，＊＊＊、＊＊、＊分别为 1%、5% 和 10% 水平上显著。各列回归中，核心解释变量（班级层面）和被解释变量（个体层面）的负向情绪相一致，例如，第(1)列的负向情绪（班级平均）为班级平均沮丧程度（除本人外）。控制变量同表 5 - 2 一致，具体包括：学生（年级、性别、绝对年龄、相对年龄、民族、户口和独生子女）、父母（工作单位性质和受教育程度）、学期效应和年级效应。限于篇幅，第一阶段回归结果、控制变量与校级固定效应实证结果，未予列示。

第五，由于学生家长中既不认识家长，又不联系老师的样本较少，仅占样本的 6%，用这些样本计算班级平均负向情绪，以同时排除家长间交流、家长与老师交流的途径，会面临诸多问题。比如，平均每个班可计算的样本数很少，很难检验负向情绪的传染性；即使个别班级中符合条件的学生样本数较多，但这类的班级较少，若采用这些样本，将面临班级层面的负向情绪变量变异程度较小的风险。表 5 - 11 第(1)—(10)列在表 5 - 7 的 IV - 2SLS 基础上，控制班级平均家长间交流程度（除本人外）、家长与班主任交流程度（除本人外），以缓解工具变量会通过影响其他家长行为和教师行为，继而影响学生情绪的担忧。结论仍不变。

表 5 - 11　工具变量"排他性"的其他检验：控制其他变量

被解释变量（个人）	沮丧	不快乐	悲伤	生活没意思	抑郁
回归样本	全样本				
估计方法	IV - 2SLS				
回归序号	(1)	(2)	(3)	(4)	(5)
负向情绪（班级平均）	0.529＊＊	0.643＊＊＊	0.512＊＊＊	0.642＊＊＊	0.491＊＊＊
	(0.211)	(0.117)	(0.189)	(0.104)	(0.168)

被解释变量(个人)	沮丧	不快乐	悲伤	生活没意思	抑郁
回归样本			全样本		
估计方法			IV－2SLS		
回归序号	(1)	(2)	(3)	(4)	(5)
班级平均家长间交流程度(除本人外)	－0.087 (0.093)	－0.058 (0.082)	－0.034 (0.088)	－0.057 (0.076)	－0.152 (0.106)
班级家长与班主任交流程度(除本人外)	－0.163* (0.096)	－0.054 (0.079)	－0.082 (0.092)	－0.086 (0.081)	－0.095 (0.086)
控制变量	是	是	是	是	是
校级固定效应	是	是	是	是	是
样本数	13 067	13 067	13 067	13 067	13 067

注:括号内为聚类到班级层面的稳健标准误,***、**、*分别为1%、5%和10%水平上显著。各列回归中,核心解释变量(班级层面)和被解释变量(个体层面)的负向情绪相一致,例如,第(1)列的负向情绪(班级平均)为班级平均沮丧程度(除本人外)。控制变量同表5-2一致,具体包括:学生(年级、性别、绝对年龄、相对年龄、民族、户口和独生子女)、父母(工作单位性质和受教育程度)、学期效应和年级效应。限于篇幅,第一阶段回归结果、控制变量与校级固定效应实证结果,未予以列示。

第四节　本章小结

本章关注个体非认知能力的外部性影响。由于情绪特征是衡量个体非认知能力的重要指标,结合中国近些年频发的负向情绪传染现象的现实背景,本章利用2013—2014学年中国教育追踪调查数据,以负向情绪为例,基于"班级"社交网络视角,使用有序 Probit 模型,实证研究班级内学生间负向情绪(包括生活没意思、不快乐、悲伤、沮丧和抑郁)是否会传染,以此识别个体非认知能力的外部性影响是否显著存在。本章实证发现如下:

第一,无论是否控制学生、父母和校级固定效应等因素,班级平均负向情绪会显著地正向影响班级内个体的负向情绪,即在同一个班级内,负向情绪是会传染的。

第二，即便考虑了情境效应（班级、学校所在地区类型和学生家庭所在社区类型特征变量）和关联效应（学生、家庭和父母行为特征变量），班级内学生间负向情绪会传染，这一结论仍稳健成立。

第三，考虑到不同交往频繁度的学生受负向情绪传染性影响不同，进一步从主动交流和被动交流两方面分析发现："负向情绪会传染"对社交频繁度高的学生的影响表现得更为明显。此外，本章还发现"负向情绪会传染"对女性学生的影响更为明显。

第四，作为稳健性检验，使用 OLS 估计，以及选取班级平均的家长特征变量（班级其他学生母亲与子女谈心情的比例，班级其他学生家长健康水平）作为工具变量，实证结果均显示：班级内学生间"负向情绪会传染"这一现象是稳健存在的。本章研究表明，班级内学生负向情绪的外部性影响是显著存在的。

第六章 总结与研究展望

第一节 本书总结

人力资本不仅影响个人的收入和幸福感,还关系着一国的劳动力素质和经济发展水平。个体获得多少人力资本(教育和能力)与家庭的资源分配决策息息相关。本书围绕"家庭资源分配决策影响个体人力资本形成"这一主题,对以下三个问题展开研究:首先,以教育供给方的特征变动为切入点,讨论家庭内的资源分配决策如何影响个体的人力资本(第一个问题);其次,在贝克尔和刘易斯(Becker and Lewis,1973)的 Q - Q 理论基础上,讨论家庭资源分配决策影响个体人力资本时,可能产生的外部性影响(第二个问题);最后,基于"班级"社交网络,讨论人力资本的外部性影响(第三个问题)。具体而言,本书的研究发现概括如下。

首先,第一个问题以教育供给方的特征变动为切入点,研究当存在"重男轻女"观念时,教育供给增加如何影响父母在儿子和女儿间的教育资源分配决策,继而影响男女教育获得的差距。利用中国 1999 年"高校扩招"政策作为一项准自然实验,使用 2005 年 1%人口抽样调查数据,双重差分估计结果发现:

第一,无论是否控制兄弟数量、姐妹数量等个体特征变量和户口城市固定效应,"高校扩招"会显著扩大"有异性同胞"男女高中教育获得的差距。以"高校扩招"政策前一期作为基准,实证发现:不受"高校扩招"影响的出生队列,"有异性同胞"男女高中教育获得差距并不存在显著差异,表明基准结果满足平行趋势假设检验。

第二,即便进一步控制个体户口变量、父母受教育程度变量、考虑升学时宏观经济环境的影响、减少回归样本量、使用各省高校招生强度和高中招生强度变量以及使用 Probit 模型估计等一系列稳健性检验,结论不变。此外,为检验基准结果并非偶然,作为安慰剂检验,分别使用虚假因变量(初中是否辍学或"肄业")和虚假处理组(性别),结果显示基准结论不存在。

第三,为使得"高校扩招"前后出生的"有异性同胞"男女性个体,其高中教育获得概率更具有比较意义。关注仅有"一个儿子和一个女儿"的家庭类型,以及使用 PSM 方法选取特征变量更为接近的群体,以缓解"高校扩招"前后可能存在的样本选择偏误问题,结果显示:"高校扩招"仍会显著扩大"有异性同胞"男女高中教育获得的差距。

第四,为避免基准结论受一些同期政策的干扰,例如 1978 年农村改革政策和 1979 年计划生育政策,进行了控制同期政策的实施强度、使用受同期政策干扰较小的省份样本,以及利用 PSM 方法等实证检验,结果显示:"高校扩招"会显著扩大"有异性同胞"男女高中教育获得的差距,这一结论是稳健存在的。

第五,利用 2013—2014 学年中国教育追踪调查数据和 2005 年 1%人口抽样调查数据,实证发现:女性的初中学业成绩优于男性,以及"有异性同胞"女性个体获得高中教育的比例在"高校扩招"后呈上升趋势。结合构建的理论模型,进一步发现父母的"重男轻女"观念是导致"高校扩招"显著扩大"有异性同胞"男女高中教育获得差距的重要原因。

第六,以各户口城市相应年份的男女性别比高低作为其"重男轻女"观念强弱的衡量指标,分样本实证回归发现:"高校扩招"扩大"有异性同胞"男女高中教育获得差距的结果,仅在"重男轻女"观念较强的户口城市样本中显著存在,而在"重男轻女"观念较弱的户口城市样本中呈不显著影响。这是"重男轻女"能解释"高校扩招"扩大"有异性同胞"男女高中教育获得差距的证据。

接着,第二个问题将外部性因素植入至贝克尔和刘易斯(Becker and Lewis,1973)的 Q - Q 理论中。利用中国 1979 年"一孩政策"作为一个外生冲击,研究家庭内部父母在小孩数量与质量间的权衡经济决策可能引致的外部性,会如何影响个体的教育获得。正如构建的扩展模型所预测的,传统的 Q-Q 理论只关注家庭内部的经济决策,然而,整个社会所有家庭的集体决策则可能会通过外部数量和外部质量渠道对个体的教育获得产生反馈效应,继而影响总教育产出。具体发现如下:

第一,理论模型分析发现:父母生育成本上升会降低父母生育小孩的数量,但对小孩质量的影响主要取决于"价格效应"和"分配收入效应"的相对大小。进一步,在同质性家庭假设下,分析发现:当不考虑外部性影响时,父母生育成本上升,主要通过"个体质量"渠道影响个体的教育获得;然而,当考虑外部性影响时,父母生育成本上升对个体教育获得的影响主要取决于"外部数量"渠道,且其影响方向是正的。

第二,实证上,由于各城市不同时期的"一孩政策"实施强度对个体高中教育获得的影响渠道不同,具体而言,对于 t 年出生的个体,t 年"一孩政策"的实施强度会通过"外部数量"渠道,影响个体的高中教育获得概率;然而,t 年之后"一孩政策"的实施强度则会通过"个体质量"和"外部质量"渠道,影响个体的高中教育获得概率。通过实证研究各城市 t 年及之后"一孩政策"实施强度如何影响 t 年出生的个体的高中教育获得概率,以识别父母生育成本上升通过个体质量、外部数量和外部质量渠道,影响个体教育获得的概率。

使用 2000 年和 2005 年人口普查数据,以各城市 t 年及之前出生的汉族独生子女数量变化情况衡量其 t 年及之后"一孩政策"实施强度,结果显示:各城市 t 年及之后"一孩政策"实施强度会显著提高 t 年出生的个体高中教育获得概率。即便以同一省份其他城市 t 年及之后"一孩政策"的实施强度作为工具变量,使用两阶段最小二乘法校正可能存在的内生性偏误,以及进行一系列稳健性检验,结论不变。这表明,父母生育成本上升通过个体质量、外部数量和外部质量渠道,对个体高中教育获得概率的净效应影响是正的。

第三,进一步以各城市 t 年出生的汉族男女性别比作为其 t 年"一孩政策"实施强度的衡量指标,结果显示:各城市 t 年"一孩政策"实施强度会显著提高

t 年出生的个体高中教育获得概率。即便以同一省份其他城市 t 年"一孩政策"实施强度作为工具变量,使用两阶段最小二乘法校正可能存在的内生性偏误,以及进行相关安慰剂检验,结论不变。这表明,父母生育成本上升通过外部数量渠道,对个体高中教育获得概率的影响是正的。

最后,不同于既有文献常关注个体受教育年限和认知能力,第三个问题关注个体非认知能力是否存在外部性影响。考虑到情绪特征是衡量个体非认知能力的重要指标,以及结合中国近些年频发的群体性负向情绪传染现象的现实背景,以负向情绪为例,基于"班级"社交网络视角,实证研究班级内学生的非认知能力是否存在外部性影响。利用 2013—2014 学年中国教育追踪调查数据,以学生多项短期情绪值(包括生活没意思、不快乐、悲伤、沮丧和抑郁)衡量学生负向情绪,使用有序 Probit 模型,实证研究发现:

第一,无论是否控制年级、性别、年龄等学生个体,父母工作单位性质和受教育程度等相对外生的特征变量,以及校级固定效应等因素,班级平均负向情绪(除本人外)均会显著正向影响班级内个体的负向情绪,即在同一个班级内,学生的负向情绪存在外部性影响。

第二,考虑到具有某种特征的个体更容易聚集在一起(关联效应),以及个体特征受地理因素的影响可能表现出相同的特性(情景效应),进一步控制一系列与情景效应相关的地理特征变量(包括班级、学校和家庭),以及一系列与关联效应相关的行为特征变量(包括个人、父母和家庭),结果显示:班级内学生的负向情绪存在外部性影响,这一结论不变。

第三,由于在同一班级内,学生负向情绪的外部性影响是否显著存在,依赖于学生的社会交往频繁度。从主动交流和被动交流两个角度,进一步分析班级内学生负向情绪的外部性影响在不同社交频繁度的学生中是否存在差异。结果显示:班级内学生负向情绪的外部性影响对不同社交频繁度的学生中表现得不同。具体而言,班级内学生负向情绪的外部性影响对社交频繁度高的学生表现得更为明显。不仅如此,在高社交频繁度的学生中,如果学生有好朋友与其同班,其受到学生负向情绪的外部性影响会更明显。此外,还发现班级内学生负向情绪的外部性影响对女性学生会更为明显。

第四,作为稳健性检验,使用 OLS 估计和工具变量法(IV)重新估计基准结果,结果显示:班级内学生的负向情绪存在外部性影响,这一结论是稳健的。其中,选取的工具变量是"班级其他学生母亲与子女谈心情的比例"和"班级其他学生家长健康水平"。为考察选取的工具变量是否满足排他性,即班级其他学生家长的行为(工具变量)是否会通过其他途径影响本人的情绪,进行了一系列实证检验和提供了以下证据:(1)班级其他学生家长的行为并不会影响本人家长的行为;(2)即便在剔除学生家长间的交流、学生家长与班主任联系的样本之后,班级内学生负向情绪的外部性影响仍显著存在。

第二节　政策启示和研究展望

基于以上的总结,本书的研究发现有以下的政策启示和未来研究展望。

首先,关于第一个问题。理论和实证研究结果表明,理性的经济体会采取相应行动应对未来事件。"高校扩招"会直接影响个体是否入读大学的概率,但是个体在进入大学之前需经历"初中升高中"阶段。考察"高校扩招"对个体获得教育的影响,不仅需要考察对个体"高中升大学"决策的影响,也需要考察对个体"初中升高中"决策的影响。正如第三章所发现的,"高校扩招"会影响个体"初中升高中"的教育升学决策,因此,假如仅将样本局限于高中生以考察"高校扩招"的实施效果,将会导致估计结果出现偏误。此外,第三章的研究框架和结论可能也适用于有"重男轻女"的其他国家,例如印度,这可能是未来值得探索的研究议题。

其次,关于第二个问题。理论和实证研究结果表明,如果忽略父母教育资源分配决策的外部性影响,研究"一孩政策"实施强度对个体教育获得的影响,可能会使得估计结果出现偏误,甚至会得到错误的结论。需要承认的是,由于笔者个人的知识积累和时间等因素,第四章仍存在以下的不足之处,有待未来进一步深入探究。在理论模型上,为简化分析,第四章的模型设定仅考虑并分析了同质性家庭情形,而没有考虑异质性家庭情形。现实中,家庭类型更可能以"异质"特征存在,因此,如何放宽"同质性家庭"这一假设,是未来进一步拓展的研究方向。在此基础上,如何进一步实证识别各城市"一孩政策"实施强度通过个体质量和外部质量渠道,影响个体教育获得的联合效应,也是未来进一步探究的议题。

最后,关于第三个问题。可能存在的后续研究方向有以下两个:(1)关于个体非认知能力的外部性影响文献。限于数据,第五章仅以负向情绪(神经质特征)为例,研究并发现班级内学生的非认知能力外部性影响是显著存在的。然而,除了神经质特征,非认知能力的衡量指标还包括开放度、外向性、亲和性和责任感等。学生的其他非认知能力特征是否存在类似的外部性影响,是未来值得探究的一个议题。(2)关于情绪传染文献的研究展望。一是空间距离连接和网络连接的情绪传染。班级内部的情绪传染属于空间距离连接的传染,但近些年,随着网络的快速发展,互联网为公众了解社会、获取信息和交流提供了一个便捷的平台。微信、微博等依赖网络的社交进一步推广,拉近了人们的"距离"。因此,依赖网络连接的社交,如朋友帖子中共享的视频、图片等情绪化内容,是否同依赖空间距离连接的情绪传染一样,这是后续研究的方向之一。二是不同场合下,依赖空间距离连接的情绪传染可能存在差异性。诚然,相比于使用社区或村委会等,第五章将社交网络划定为班级内部,能够在一定程度上剔除很多干扰因素,从而得到一个较为干净的情绪传染因果关系。然而,在不同场合下,依赖空间距离连接的负向情绪传染特性可能存在差异。如亲人间、朋友间或同事间等这类社交网络,负向情绪的传染特性可能存在差异。这些依赖空间距离连接的不同社交网络的负向情绪是否存在传染,值得我们深入研究和探讨。三是在同一场合下,正向情绪和负向情绪的传染机制可能存在着共性特征和差异性。第五章实证研究并发现负向情绪会传染,这不仅对我国当前群体性负向情绪的螺旋现象有一定的启示意义,也对现有的情绪传染性文献作了补充。不过,在现实中,正向情绪不一定能传递出"正能量"。社交网络上更多的表达正向情绪,可能是为了获得社会认同(Qiu et al.,2012)。类似地,负向情绪也可能有一定的正向作用,如愤怒情绪可能会激励我们去改变一个不能接受的情况,而非完全负向传染。因此,未来研究需要将正向情绪和负向情绪的交互作用同时纳入到现有的研究框架中,进一步揭示正向情绪和负向情绪的传染机制可能存在的共性特征和差异性。

附录

附录一　表4-1相关式子的证明过程

本附录为本书第四章表4-1相关式子的数学证明过程。

一、价格效应

$$n(\pi_n, \pi_q, \pi, M_i) = \frac{A}{2\pi_n\pi}; \quad q(\pi_n, \pi_q, \pi, M_i) = \frac{\theta_2\pi_n A}{2\pi_n\pi_q\pi + (1-\theta_2)\pi A},$$

其中，$A = \sqrt{[(1+\theta_2)\pi_n\pi_q - (1-\theta_2)\pi M_i]^2 + 4\pi_n\pi_q\pi M_i} - [(1+\theta_2)\pi_n\pi_q - (1-\theta_2)\pi M_i]$。

附表 1-1　生育成本的"价格效应"相关不等式证明

$A(\pi_n, \pi_q, \pi, M_i)$		$n(\pi_n, \pi_q, \pi, M_i)$		$q(\pi_n, \pi_q, \pi, M_i)$	
(1)	(2)	(3)	(4)	(5)	(6)
$\dfrac{\partial A}{\partial \pi_n} > 0$	$\dfrac{\partial A}{\partial M_i} > 0$	$\dfrac{\partial n_i}{\partial \pi_n} < 0$	$\dfrac{\partial n_i}{\partial M_i} > 0$	$\dfrac{\partial q_i}{\partial \pi_n} > 0$	$\dfrac{\partial q_i}{\partial M_i} > 0$

（一）　如何证明（1）$\dfrac{\partial A}{\partial \pi_n} > 0$

证明如下：

假设 $\dfrac{\partial A}{\partial \pi_n} = \dfrac{[(1+\theta_2)\pi_n\pi_q - (1-\theta_2)\pi M_i](1+\theta_2)\pi_q + 2\pi_q\pi M_i}{\sqrt{[(1+\theta_2)\pi_n\pi_q - (1-\theta_2)\pi M_i]^2 + 4\pi_n\pi_q\pi M_i}} - (1+\theta_2)\pi_q > 0$

由于 $\left[(1+\theta_2)\pi_n\pi_q-(1-\theta_2)\pi M_i\right](1+\theta_2)\pi_q+2\pi_q\pi M_i>0$；

有：$\{\left[(1+\theta_2)\pi_n\pi_q-(1-\theta_2)\pi M_i\right](1+\theta_2)\pi_q+2\pi_q\pi M_i\}^2>\left[(1+\theta_2)\pi_q\right]^2\{\left[(1+\theta_2)\pi_n\pi_q-(1-\theta_2)\pi M_i\right]^2+4\pi_n\pi_q\pi M_i\}$；

化简可得：$\left[(1+\theta_2)\pi_n\pi_q-(1-\theta_2)\pi M_i\right](1+\theta_2)\pi_q+\pi_q\pi M_i>\left[(1+\theta_2)\pi_q\right]^2\pi_n$；

即：$\theta_2^2\pi_q\pi M_i>0$；

因此，原假设成立：$\dfrac{\partial A}{\partial\pi_n}>0$。

（二）如何证明（2）$\dfrac{\partial A}{\partial M_i}>0$

证明如下：

$$\frac{\partial A}{\partial M_i}=\frac{\left[(1+\theta_2)\pi_n\pi_q-(1-\theta_2)\pi M_i\right]\left[-(1-\theta_2)\pi\right]+2\pi_n\pi_q\pi}{\sqrt{\left[(1+\theta_2)\pi_n\pi_q-(1-\theta_2)\pi M_i\right]^2+4\pi_n\pi_q\pi M_i}}+(1-\theta_2)\pi$$

$$=\frac{\left[(1-\theta_2)\pi\right]^2 M_i-(1-\theta_2^2)\pi_n\pi_q\pi+2\pi_n\pi_q\pi}{\sqrt{\left[(1+\theta_2)\pi_n\pi_q-(1-\theta_2)\pi M_i\right]^2+4\pi_n\pi_q\pi M_i}}+(1-\theta_2)\pi$$

$$=\frac{\left[(1-\theta_2)\pi\right]^2 M_i+(1+\theta_2^2)\pi_n\pi_q\pi}{\sqrt{\left[(1+\theta_2)\pi_n\pi_q-(1-\theta_2)\pi M_i\right]^2+4\pi_n\pi_q\pi M_i}}+(1-\theta_2)\pi>0$$

（三）如何证明（3）$\dfrac{\partial n_i}{\partial\pi_n}<0$

证明如下：

假设命题成立：$\dfrac{\partial n_i}{\partial\pi_n}=\dfrac{1}{2\pi_n\pi}\dfrac{\partial A}{\partial\pi_n}+\dfrac{-A}{2(\pi_n)^2\pi}=\dfrac{1}{2(\pi_n)^2\pi}\left(\dfrac{\partial A}{\partial\pi_n}\pi_n-A\right)<0$

由于 $A=\sqrt{\left[(1+\theta_2)\pi_n\pi_q-(1-\theta_2)\pi M_i\right]^2+4\pi_n\pi_q\pi M_i}-\left[(1+\theta_2)\pi_n\pi_q-(1-\theta_2)\pi M_i\right]$；

$$\frac{\partial A}{\partial\pi_n}=\frac{\left[(1+\theta_2)\pi_n\pi_q-(1-\theta_2)\pi M_i\right](1+\theta_2)\pi_q+2\pi_q\pi M_i}{\sqrt{\left[(1+\theta_2)\pi_n\pi_q-(1-\theta_2)\pi M_i\right]^2+4\pi_n\pi_q\pi M_i}}-(1+\theta_2)\pi_q$$

我们可知：

$$\left\{ \frac{\left[(1+\theta_2)\pi_n\pi_q - (1-\theta_2)\pi M_i\right](1+\theta_2)\pi_q + 2\pi_q\pi M_i}{\sqrt{\left[(1+\theta_2)\pi_n\pi_q - (1-\theta_2)\pi M_i\right]^2 + 4\pi_n\pi_q\pi M_i}} - (1+\theta_2)\pi_q \right\}\pi_n$$

$$< \sqrt{\left[(1+\theta_2)\pi_n\pi_q - (1-\theta_2)\pi M_i\right]^2 + 4\pi_n\pi_q\pi M_i} - \left[(1+\theta_2)\pi_n\pi_q - (1-\theta_2)\pi M_i\right]。$$

$$\frac{\left[(1+\theta_2)\pi_n\pi_q - (1-\theta_2)\pi M_i\right](1+\theta_2)\pi_q + 2\pi_q\pi M_i}{\sqrt{\left[(1+\theta_2)\pi_n\pi_q - (1-\theta_2)\pi M_i\right]^2 + 4\pi_n\pi_q\pi M_i}} \cdot \pi_n -$$

$$\sqrt{\left[(1+\theta_2)\pi_n\pi_q - (1-\theta_2)\pi M_i\right]^2 + 4\pi_n\pi_q\pi M_i} < (1-\theta_2)\pi M_i。$$

化简可得：$\dfrac{-(1+\theta_2^2)\pi_n\pi_q\pi M_i - \left[(1-\theta_2)\pi M_i\right]^2}{\sqrt{\left[(1+\theta_2)\pi_n\pi_q - (1-\theta_2)\pi M_i\right]^2 + 4\pi_n\pi_q\pi M_i}} < (1-\theta_2)\pi M_i。$

因此，$\dfrac{\partial n_i}{\partial \pi_n} < 0$。

（四）如何证明（4）$\dfrac{\partial n_i}{\partial M_i} < 0$

证明如下：

由于 $\dfrac{\partial A}{\partial M_i} > 0$，可知 $\dfrac{\partial n_i}{\partial M_i} = \dfrac{1}{2\pi_n\pi} \cdot \dfrac{\partial A}{\partial M_i} > 0$。

（五）如何证明（5）$\dfrac{\partial q_i}{\partial \pi_n} > 0$

证明如下：

由于 $q_i = \dfrac{\theta_2\pi_n A}{2\pi_n\pi_q\pi + (1-\theta_2)\pi A}$；可知

$$\frac{\partial q_i}{\partial \pi_n} = \frac{\theta_2 A}{2\pi_n\pi_q\pi + (1-\theta_2)\pi A} + \frac{\theta_2\pi_n}{2\pi_n\pi_q\pi + (1-\theta_2)\pi A} \frac{\partial A}{\partial \pi_n} +$$

$$\frac{-\theta_2\pi_n A}{\left[2\pi_n\pi_q\pi + (1-\theta_2)\pi A\right]^2} \cdot \left[2\pi_q\pi + (1-\theta_2)\pi \frac{\partial A}{\partial \pi_n}\right]$$

$$= \frac{\theta_2\pi_n A}{\left[2\pi_n\pi_q\pi + (1-\theta_2)\pi A\right]^2} \cdot \left[\frac{1}{\pi_n}(1-\theta_2)\pi A + \frac{1}{A} 2\pi_n\pi_q\pi \frac{\partial A}{\partial \pi_n}\right] > 0；$$

因此，$\dfrac{\partial q_i}{\partial \pi_n} > 0$。

（六）如何证明（6）$\dfrac{\partial q_i}{\partial M_i} > 0$

证明如下：

由于 $\dfrac{\partial A}{\partial M_i} > 0$；可知

$$\dfrac{\partial q_i}{\partial M_i} = \dfrac{\theta_2 \pi_n}{2\pi_n \pi_q \pi + (1-\theta_2)\pi A}\dfrac{\partial A}{\partial M_i} + \dfrac{-\theta_2 \pi_n A}{[2\pi_n \pi_q \pi + (1-\theta_2)\pi A]^2} \cdot (1-\theta_2)\pi$$

$\dfrac{\partial A}{\partial M_i}$

$$= \dfrac{\theta_2 \pi_n A}{[2\pi_n \pi_q \pi + (1-\theta_2)\pi A]^2}\dfrac{\partial A}{\partial M_i}\left\{\dfrac{1}{A}[2\pi_n \pi_q \pi + (1-\theta_2)\pi A] - (1-\theta_2)\pi\right\}$$

$$= \dfrac{2\theta_2 \pi_n^2 \pi_q \pi}{[2\pi_n \pi_q \pi + (1-\theta_2)\pi A]^2}\dfrac{\partial A}{\partial M_i} > 0;$$

因此，$\dfrac{\partial q_i}{\partial M_i} > 0$。

二、分配收入效应

如何证明 $\dfrac{\partial v}{\partial \pi_n} = \dfrac{\partial U}{\partial \pi_n} < 0$

证明如下：

由于 $v(\pi_n, \pi_q, \pi, M_i) = U[n(\pi_n, \pi_q, \pi, M_i),$

$\dfrac{S}{N}, \dfrac{q(\pi_n, \pi_q, \pi, M_i)}{\bar{q}}] = n_i \cdot \alpha \cdot \left(\dfrac{S}{N}\right)^{\theta_1} \cdot \left(\dfrac{q_i}{q}\right)^{\theta_2}$；

$n_i = \dfrac{A}{2\pi_n \pi}; q_i = \dfrac{\theta_2 \pi_n A}{2\pi_n \pi_q \pi + (1-\theta_2)\pi A}$；

$\dfrac{\partial n_i}{\partial \pi_n} = \dfrac{1}{2(\pi_n)^2 \pi}\left(\dfrac{\partial A}{\partial \pi_n}\pi_n - A\right)$；

$\dfrac{\partial q_i}{\partial \pi_n} = \dfrac{\theta_2 \pi}{[2\pi_n \pi_q \pi + (1-\theta_2)\pi A]^2}\left[(1-\theta_2)A^2 + 2(\pi_n)^2 \pi_q \dfrac{\partial A}{\partial \pi_n}\right]$；

其中，$A = \sqrt{[(1+\theta_2)\pi_n \pi_q - (1-\theta_2)\pi M_i]^2 + 4\pi_n \pi_q \pi M_i} - [(1+$

$\theta_2)\pi_n\pi_q - (1-\theta_2)\pi M_i\big]$；

$$\frac{\partial A}{\partial \pi_n} = \frac{\big[(1+\theta_2)\pi_n\pi_q - (1-\theta_2)\pi M_i\big](1+\theta_2)\pi_q + 2\pi_q\pi M_i}{\sqrt{\big[(1+\theta_2)\pi_n\pi_q - (1-\theta_2)\pi M_i\big]^2 + 4\pi_n\pi_q\pi M_i}} - (1+\theta_2)\pi_q;$$

由于 $\dfrac{\partial v}{\partial \pi_n} = \dfrac{\partial U}{\partial \pi_n} = \alpha \cdot \left(\dfrac{S}{N}\right)^{\theta_1} \cdot \left(\dfrac{1}{q}\right)^{\theta_2} \cdot (q_i)^{\theta_2-1}\left[\dfrac{\partial n_i}{\partial \pi_n}q_i + \theta_2\dfrac{\partial q_i}{\partial \pi_n}n_i\right];$

其中，$\dfrac{\partial n_i}{\partial \pi_n}q_i + \theta_2\dfrac{\partial q_i}{\partial \pi_n}n_i$

$$= \frac{1}{2\pi_n\pi}\left(\frac{\partial A}{\partial \pi_n}\pi_n - A\right) \cdot \frac{\theta_2 A}{2\pi_n\pi_q\pi + (1-\theta_2)\pi A} + \theta_2\frac{\theta_2\pi}{[2\pi_n\pi_q\pi + (1-\theta_2)\pi A]^2}$$

$$\big[(1-\theta_2)A^2 + 2(\pi_n)^2\pi_q\frac{\partial A}{\partial \pi_n}\big]\frac{A}{2\pi_n\pi}$$

$$= \frac{\theta_2 A}{[2\pi_n\pi_q\pi + (1-\theta_2)\pi A]^2}\frac{1}{2\pi_n} \cdot \left\{\left(\frac{\partial A}{\partial \pi_n}\pi_n - A\right)[2\pi_n\pi_q + (1-\theta_2)A]\right.$$

$$\left. + \theta_2\big[(1-\theta_2)A^2 + 2(\pi_n)^2\pi_q\frac{\partial A}{\partial \pi_n}\big]\right\};$$

其中，$\left(\dfrac{\partial A}{\partial \pi_n}\pi_n - A\right)[2\pi_n\pi_q + (1-\theta_2)A] + \theta_2\big[(1-\theta_2)A^2 + 2(\pi_n)^2\pi_q\dfrac{\partial A}{\partial \pi_n}\big]$

$$= (1-\theta_2)\pi_n A\frac{\partial A}{\partial \pi_n} - 2\pi_n\pi_q A - (1-\theta_2)^2 A^2 + (1+\theta_2)2(\pi_n)^2\pi_q\frac{\partial A}{\partial \pi_n}$$

$$= (1-\theta_2)A\left[\frac{\partial A}{\partial \pi_n}\pi_n - (1-\theta_2)A\right] - 2\pi_n\pi_q\left[A - (1+\theta_2)\pi_n\frac{\partial A}{\partial \pi_n}\right]。$$

由于：(1) $\dfrac{\partial A}{\partial \pi_n}\pi_n - (1-\theta_2)A$

$$= \left\{\frac{\big[(1+\theta_2)\pi_n\pi_q - (1-\theta_2)\pi M_i\big](1+\theta_2)\pi_q + 2\pi_q\pi M_i}{\sqrt{\big[(1+\theta_2)\pi_n\pi_q - (1-\theta_2)\pi M_i\big]^2 + 4\pi_n\pi_q\pi M_i}} - (1+\theta_2)\pi_q\right\}$$

$\pi_n - (1-\theta_2)\{\sqrt{\big[(1+\theta_2)\pi_n\pi_q - (1-\theta_2)\pi M_i\big]^2 + 4\pi_n\pi_q\pi M_i} - \big[(1+\theta_2)\pi_n\pi_q - (1-\theta_2)\pi M_i\big]\}$

$$= \frac{\big[(1+\theta_2)\pi_n\pi_q - (1-\theta_2)\pi M_i\big](1+\theta_2)\pi_n\pi_q + 2\pi_n\pi_q\pi M_i}{\sqrt{\big[(1+\theta_2)\pi_n\pi_q - (1-\theta_2)\pi M_i\big]^2 + 4\pi_n\pi_q\pi M_i}}$$

$-(1+\theta_2)\pi_n\pi_q - \{(1-\theta_2)\sqrt{\big[(1+\theta_2)\pi_n\pi_q - (1-\theta_2)\pi M_i\big]^2 + 4\pi_n\pi_q\pi M_i}$

$$-(1-\theta_2)\big[(1+\theta_2)\pi_n\pi_q-(1-\theta_2)\pi M_i\big]\}$$

$$=\frac{\big[(1+\theta_2)\pi_n\pi_q-(1-\theta_2)\pi M_i\big](1+\theta_2)\pi_n\pi_q+2\pi_n\pi_q\pi M_i}{\sqrt{\big[(1+\theta_2)\pi_n\pi_q-(1-\theta_2)\pi M_i\big]^2+4\pi_n\pi_q\pi M_i}}-(1-\theta_2)$$

$$\sqrt{\big[(1+\theta_2)\pi_n\pi_q-(1-\theta_2)\pi M_i\big]^2+4\pi_n\pi_q\pi M_i}-\theta_2(1+\theta_2)\pi_n\pi_q-(1-\theta_2)^2\pi M_i$$

$$=\frac{\big[(1+\theta_2)\pi_n\pi_q-(1-\theta_2)\pi M_i\big]\big[\theta_2(1+\theta_2)\pi_n\pi_q+(1-\theta_2)^2\pi M_i\big]}{\sqrt{\big[(1+\theta_2)\pi_n\pi_q-(1-\theta_2)\pi M_i\big]^2+4\pi_n\pi_q\pi M_i}}-$$

$$\big[\theta_2(1+\theta_2)\pi_n\pi_q+(1-\theta_2)^2\pi M_i\big]$$

$$=\big[\theta_2(1+\theta_2)\pi_n\pi_q+(1-\theta_2)^2\pi M_i\big]\cdot$$

$$\left\{\frac{(1+\theta_2)\pi_n\pi_q-(1-\theta_2)\pi M_i}{\sqrt{\big[(1+\theta_2)\pi_n\pi_q-(1-\theta_2)\pi M_i\big]^2+4\pi_n\pi_q\pi M_i}}-1\right\};$$

因此，

$$\frac{\partial A}{\partial\pi_n}\pi_n-(1-\theta_2)A<0\text{。}$$

$$(2)\ A-(1+\theta_2)\pi_n\frac{\partial A}{\partial\pi_n}$$

$$=\sqrt{\big[(1+\theta_2)\pi_n\pi_q-(1-\theta_2)\pi M_i\big]^2+4\pi_n\pi_q\pi M_i}-\big[(1+\theta_2)\pi_n$$

$$\pi_q-(1-\theta_2)\pi M_i\big]$$

$$-(1+\theta_2)\pi_n\left\{\frac{\big[(1+\theta_2)\pi_n\pi_q-(1-\theta_2)\pi M_i\big](1+\theta_2)\pi_q+2\pi_q\pi M_i}{\sqrt{\big[(1+\theta_2)\pi_n\pi_q-(1-\theta_2)\pi M_i\big]^2+4\pi_n\pi_q\pi M_i}}-(1+\right.$$

$$\left.\theta_2)\pi_q\right\}$$

$$=\sqrt{\big[(1+\theta_2)\pi_n\pi_q-(1-\theta_2)\pi M_i\big]^2+4\pi_n\pi_q\pi M_i}-$$

$$\frac{\big[(1+\theta_2)\pi_n\pi_q-(1-\theta_2)\pi M_i\big](1+\theta_2)^2\pi_n\pi_q+2(1+\theta_2)\pi_n\pi_q\pi M_i}{\sqrt{\big[(1+\theta_2)\pi_n\pi_q-(1-\theta_2)\pi M_i\big]^2+4\pi_n\pi_q\pi M_i}}$$

$$+\theta_2(1+\theta_2)\pi_n\pi_q+(1-\theta_2)\pi M_i$$

$$= \frac{-\left[(1+\theta_2)\pi_n\pi_q - (1-\theta_2)\pi M_i\right]\left[\theta_2(1+\theta_2)\pi_n\pi_q + (1-\theta_2)\pi M_i\right] + 2(1-\theta_2)\pi_n\pi_q\pi M_i}{\sqrt{\left[(1+\theta_2)\pi_n\pi_q - (1-\theta_2)\pi M_i\right]^2 + 4\pi_n\pi_q\pi M_i}}$$

$$+ \theta_2(1+\theta_2)\pi_n\pi_q + (1-\theta_2)\pi M_i$$

$$= \frac{2(1-\theta_2)\pi_n\pi_q\pi M_i}{\sqrt{\left[(1+\theta_2)\pi_n\pi_q - (1-\theta_2)\pi M_i\right]^2 + 4\pi_n\pi_q\pi M_i}}$$

$$+ \left[\theta_2(1+\theta_2)\pi_n\pi_q + (1-\theta_2)\pi M_i\right]$$

$$\left\{1 - \frac{\left[(1+\theta_2)\pi_n\pi_q - (1-\theta_2)\pi M_i\right]}{\sqrt{\left[(1+\theta_2)\pi_n\pi_q - (1-\theta_2)\pi M_i\right]^2 + 4\pi_n\pi_q\pi M_i}}\right\};$$

因此，

$$A - (1+\theta_2)\pi_n \frac{\partial A}{\partial \pi_n} > 0 \text{。}$$

综上，由于

$$(1-\theta_2)A\left[\frac{\partial A}{\partial \pi_n}\pi_n - (1-\theta_2)A\right] - 2\pi_n\pi_q\left[A - (1+\theta_2)\pi_n\frac{\partial A}{\partial \pi_n}\right] < 0 \text{；}$$

即可得：

$$\frac{\partial n_i}{\partial \pi_n}q_i + \theta_2\frac{\partial q_i}{\partial \pi_n}n_i < 0 \text{，}$$

因此，

$$\frac{\partial U}{\partial \pi_n} = \alpha \cdot \left(\frac{S}{N}\right)^{\theta_1} \cdot \left(\frac{1}{\bar{q}}\right)^{\theta_2} \cdot (q_i)^{\theta_2 - 1}\left[\frac{\partial n_i}{\partial \pi_n}q_i + \theta_2\frac{\partial q_i}{\partial \pi_n}n_i\right] < 0 \text{。}$$

附录二 实证结果补充

一、表3-7和表3-8倾向得分匹配(PSM)过程

附表2-1至2-7为使用倾向得分匹配方法(PSM)校正本书第三章相关实证结论可能存在的样本选择偏误问题。使用的各协变量设置和定义如附表2-1所示。具体包括：父母特征变量、个体特征变量、房子特征变量和户口城市固定效应。其中，(1)父母特征变量，包括父母的受教育程度，1＝受教育程度为初中及以上，0＝其他。(2)个体特征变量，包括：a.民族，设置为虚拟变量，1＝汉族，0＝少数民族；b.户口类型，设置为虚拟变量，1＝农业户口，0＝非农业户口；c.同胞数量，分别取兄弟数量和姐妹数量；d.出生月份，设置为虚拟变量，1＝出生月份为9—12月，0＝出生月份为1—8月。(3)房子特征变量，包括：a.房子建筑结构，设置为虚拟变量，1＝钢筋混凝土结构，0＝其他；b.房子建成时间，设置为虚拟变量，1＝建成年份为1990—2005年，0＝1990年之前；c.房子是否有饮用自来水，设置为虚拟变量，1＝有饮用自来水，0＝无饮用自来水；d.房子是否有厨房，设置为虚拟变量，1＝有厨房，0＝无厨房；e.房子是否有炊事燃料，设置为虚拟变量，1＝有燃气或电，0＝其他。

附表2-2和2-3的倾向得分匹配实证结果，对应的是正文中表3-7第(3)、(4)列的实证结果。其中，附表2-2和2-3第(1)列为"有异性同胞"男女性个体的Logistic回归结果；附表2-2和2-3第(2)—(7)列为进行有放回匹配且允许并列的"一对一匹配"方法后，"有异性同胞"男女性个体中，各协变量的数据平衡结果。结果显示：相比于匹配前，匹配后控制组和处理组中，各协变量的标准偏差出现了明显的下降。其中，附表2-2中，在"有异性同胞"男性样本中，控制组和处理组间各协变量的标准偏差由8.6%下降至1.0%；而附表2-3中，在"有异性同胞"女性样本中，控制组和处理组间各协变量的标准偏差由11.8%下降至1.1%。

　　附表 2－4 至 2－5 的倾向得分匹配实证结果,主要是使用少数民族群体样本,以缓解 1979 年计划生育政策的干扰,对应的是正文中表 3－8 第(3)列的实证结果。其中,附表 2－4 和 2－5 第(1)列为"有异性同胞"男女性个体的 Logistic 回归结果;附表 2－4 和 2－5 第(2)—(7)列为进行有放回匹配且允许并列的"一对一匹配"方法后,"有异性同胞"男女性个体中,各协变量的数据平衡结果。结果显示:相比于匹配前,匹配后控制组和处理组中,各协变量的标准偏差出现了明显的下降。其中,附表 2－4 中,在"有异性同胞"男性样本中,控制组和处理组间各协变量的标准偏差由 8.1% 下降至 2.9%;而附表 2－5 中,在"有异性同胞"女性样本中,控制组和处理组间各协变量的标准偏差由 10.8% 下降至 3.0%。

　　附表 2－6 至 2－7 的倾向得分匹配实证结果,主要是使用城镇户口群体样本,以缓解 1978 年农村改革的影响,对应的是正文中表 3－8 第(6)列的实证结果。其中,附表 2－6 和 2－7 第(1)列为"有异性同胞"男女性个体的 Logistic 回归结果;附表 2－6 和 2－7 第(2)—(7)列为进行有放回匹配且允许并列的"一对一匹配"方法后,"有异性同胞"男女性个体中,各协变量的数据平衡结果。结果显示:相比于匹配前,匹配后控制组和处理组中,各协变量的标准偏差出现了明显的下降。其中,附表 2－6 中,在"有异性同胞"男性样本中,控制组和处理组间各协变量的标准偏差由 7.2% 下降至 3.7%;而附表 2－7 中,在"有异性同胞"女性样本中,控制组和处理组间各协变量的标准偏差由 5.7% 下降至 2.4%。

附表 2－1　倾向得分匹配(PSM)各协变量设置和定义

协变量	定义
	家庭和个体特征变量
父亲受教育程度	1＝受教育程度为初中及以上;0＝其他
母亲受教育程度	1＝受教育程度为初中及以上;0＝其他
民族:汉族	1＝汉族;0＝其他民族
户口类型:农业户口	1＝农业户口;0＝非农业(城镇)户口
兄弟数量	兄弟数量
姐妹数量	姐妹数量
出生月份:9—12 月	1＝出生月份为 9—12 月;0＝出生月份为 1—8 月

续表

协变量	定义
	房子特征变量
房子建筑结构	1＝钢筋混凝土结构；0＝其他
房子建成时间	1＝建成年份为 1990—2005 年；0＝1990 年之前
是否有饮用自来水	1＝有饮用自来水；0＝无饮用自来水
是否有厨房	1＝有厨房；0＝无厨房
是否有炊事燃料	1＝有燃气或电；0＝其他

附表 2－2　PSM 的数据平衡检验结果：男性样本

	Logistic 回归结果	处理组：1＝出生年份为 1983—1987 年；控制组：0＝出生年份为 1979—1982 年					
		数据平衡（Data Balancing）					
		未匹配或匹配	均值		标准偏差（%）	t 检验	
			处理组	控制组		t	p＞|t|
	(1)	(2)	(3)	(4)	(5)	(6)	(7)
父亲受教育程度	0.429***	未匹配	0.657	0.540	24.1	18.66	0.00
	(0.031)	匹配	0.657	0.659	−0.4	−0.35	0.73
母亲受教育程度	0.495***	未匹配	0.409	0.294	24.3	18.54	0.00
	(0.033)	匹配	0.409	0.411	−0.5	−0.45	0.65
民族：汉族	−0.253***	未匹配	0.888	0.896	−2.5	−1.93	0.05
	(0.065)	匹配	0.888	0.889	−0.3	−0.29	0.77
户口类型：农业户口	0.568***	未匹配	0.858	0.800	15.4	12.07	0.00
	(0.042)	匹配	0.858	0.861	−0.9	−0.87	0.38
兄弟数量	−0.156***	未匹配	0.540	0.577	−4.8	−3.70	0.00
	(0.020)	匹配	0.541	0.538	0.3	0.29	0.77
姐妹数量	−0.108***	未匹配	1.383	1.439	−7.6	−5.89	0.00
	(0.019)	匹配	1.383	1.368	2	1.88	0.06
出生月份：9—12 月	0.005	未匹配	0.381	0.370	2.3	1.75	0.08
	(0.028)	匹配	0.381	0.369	2.3	2.03	0.04

续表

	处理组：1＝出生年份为 1983—1987 年；控制组：0＝出生年份为 1979—1982 年						
	Logistic 回归结果	数据平衡（Data Balancing）					
		未匹配或匹配	均值		标准偏差(%)	t 检验	
			处理组	控制组		t	p＞|t|
	（1）	（2）	（3）	（4）	（5）	（6）	（7）
房子建筑结构	−0.030 (0.039)	未匹配	0.198	0.204	−1.5	−1.18	0.24
		匹配	0.198	0.194	0.9	0.81	0.42
房子建成时间	0.052* (0.028)	未匹配	0.542	0.524	3.5	2.69	0.01
		匹配	0.542	0.543	−0.4	−0.31	0.76
有饮用自来水	−0.012 (0.034)	未匹配	0.462	0.486	−4.8	−3.69	0.00
		匹配	0.462	0.455	1.4	1.24	0.22
有厨房	−0.162*** (0.044)	未匹配	0.859	0.881	−6.7	−5.12	0.00
		匹配	0.859	0.864	−1.6	−1.33	0.19
炊事燃料：燃气或电	−0.130*** (0.044)	未匹配	0.233	0.261	−6.4	−4.92	0.00
		匹配	0.233	0.227	1.4	1.28	0.20
户口城市固定效应	是	样本量	平均标准偏差(%)				
样本量	24 989	未匹配	8.6				
Pseudo R²	0.047	匹配	1.0				

注：① *、*** 分别表示在 10%、1% 水平上显著；②连续变量（Continuous Variables）的标准偏差计算公式为 $\dfrac{|\overline{x}_{treat}-\overline{x}_{control}|}{\sqrt{\dfrac{1}{2}(s_{treat}^2+s_{control}^2)}}$，而二值变量（Dichotomous Variables）的标准偏差计算公式则为 $\dfrac{|\overline{x}_{treat}-\overline{x}_{control}|}{\sqrt{\dfrac{1}{2}(\overline{x}_{treat}*(1-\overline{x}_{treat})+\overline{x}_{control}*(1-\overline{x}_{control}))}}$，其中，$\overline{x}$ 和 s 表示变量 x 的均值和标准差。各协变量在匹配前后的统计事实分别汇报于各行的"未匹配"和"匹配"。

附表 2 - 3　**PSM 的数据平衡检验结果：女性样本**

Logistic 回归结果	未匹配或匹配	均值		标准偏差（%）	t 检验	
		处理组	控制组		t	p＞|t|
（1）	（2）	（3）	（4）	（5）	（6）	（7）

处理组：1＝出生年份为 1983—1987 年；控制组：0＝出生年份为 1979—1982 年

数据平衡（Data Balancing）

父亲受教育程度	0.294*** (0.039)	未匹配	0.698	0.622	16.1	10.21	0.00
		匹配	0.697	0.697	0	0.02	0.98
母亲受教育程度	0.556*** (0.040)	未匹配	0.461	0.361	20.6	12.73	0.00
		匹配	0.461	0.465	−0.8	−0.73	0.47
民族：汉族	−0.095 (0.085)	未匹配	0.911	0.907	1.5	0.91	0.36
		匹配	0.911	0.917	−1.9	−1.78	0.08
户口类型：农业户口	0.837*** (0.048)	未匹配	0.848	0.715	32.5	21.61	0.00
		匹配	0.848	0.841	1.7	1.75	0.08
兄弟数量	−0.159*** (0.033)	未匹配	1.250	1.286	−6.4	−4.08	0.00
		匹配	1.250	1.244	1.2	1.11	0.27
姐妹数量	−0.043** (0.020)	未匹配	0.700	0.705	−0.5	−0.33	0.74
		匹配	0.701	0.683	1.9	1.72	0.09
出生月份：9—12 月	−0.049 (0.035)	未匹配	0.381	0.389	−1.6	−0.98	0.33
		匹配	0.381	0.377	0.8	0.74	0.46
房子建筑结构	−0.002 (0.048)	未匹配	0.201	0.243	−10.3	−6.54	0.00
		匹配	0.201	0.203	−0.7	−0.61	0.54
房子建成时间	0.113*** (0.035)	未匹配	0.537	0.515	4.5	2.80	0.01
		匹配	0.537	0.533	0.9	0.80	0.43
有饮用自来水	−0.070* (0.042)	未匹配	0.475	0.558	−16.8	−10.48	0.00
		匹配	0.475	0.477	−0.4	−0.37	0.71

续表

Logistic 回归结果	处理组：1＝出生年份为 1983—1987 年；控制组：0＝出生年份为 1979—1982 年						
	数据平衡（Data Balancing）						
	未匹配或匹配	均值		标准偏差(%)	t 检验		
		处理组	控制组		t	p＞|t|	
(1)	(2)	(3)	(4)	(5)	(6)	(7)	
有厨房 −0.096* (0.057)	未匹配	0.864	0.889	−7.5	−4.61	0.00	
	匹配	0.864	0.867	−0.9	−0.79	0.43	
炊事燃料：燃气或电 −0.173*** (0.052)	未匹配	0.251	0.358	−23.6	−15.11	0.00	
	匹配	0.251	0.259	−1.8	−1.67	0.10	

户口城市固定效应	是	样本量	平均标准偏差(%)
样本量	21 109	未匹配	11.8
Pseudo R^2	0.063	匹配	1.1

注：①＊、＊＊和＊＊＊分别表示在 10%、5%和 1%水平上显著;②连续变量的标准偏差计算公式为 $\dfrac{|\overline{x}_{treat}-\overline{x}_{control}|}{\sqrt{\frac{1}{2}(s^2_{treat}+s^2_{control})}}$，而二值变量的标准偏差计算公式则为 $\dfrac{|\overline{x}_{treat}-\overline{x}_{control}|}{\sqrt{\frac{1}{2}(\overline{x}_{treat}*(1-\overline{x}_{treat})+\overline{x}_{control}*(1-\overline{x}_{control}))}}$，其中，$\overline{x}$ 和 s 表示变量 x 的均值和标准差。各协变量在匹配前后的统计事实分别汇报于各行的"未匹配"和"匹配"。

附表 2‑4　PSM 的数据平衡检验结果：少数民族的男性样本

Logistic 回归结果	处理组：1＝出生年份为 1983—1987 年；控制组：0＝出生年份为 1979—1982 年						
	数据平衡（Data Balancing）						
	未匹配或匹配	均值		标准偏差(%)	t 检验		
		处理组	控制组		t	p＞|t|	
(1)	(2)	(3)	(4)	(5)	(6)	(7)	
父亲受教育程度 0.370*** (0.100)	未匹配	0.469	0.404	13.2	3.28	0.00	
	匹配	0.462	0.473	−2.1	−0.60	0.55	

续表

	Logistic 回归结果	数据平衡（Data Balancing）					
		未匹配 或匹配	均值		标准偏 差（%）	t 检验	
			处理组	控制组		t	p＞|t|
	（1）	（2）	（3）	（4）	（5）	（6）	（7）

处理组：1＝出生年份为 1983—1987 年；控制组：0＝出生年份为 1979—1982 年

	Logistic 回归结果	未匹配 或匹配	处理组	控制组	标准偏差（%）	t	p＞|t|
母亲受教育 程度	0.291** (0.118)	未匹配	0.273	0.222	11.9	2.93	0.00
		匹配	0.268	0.274	−1.3	−0.36	0.72
民族：汉族	—	未匹配	—	—	—	—	—
		匹配	—	—	—	—	—
户口类型： 农业户口	0.827*** (0.153)	未匹配	0.882	0.830	14.7	3.73	0.00
		匹配	0.880	0.886	−1.6	−0.49	0.62
兄弟数量	−0.294*** (0.047)	未匹配	0.917	1.053	−12.6	−3.18	0.00
		匹配	0.926	0.955	−2.7	−0.81	0.42
姐妹数量	−0.211*** (0.047)	未匹配	1.631	1.763	−13.4	−3.38	0.00
		匹配	1.636	1.629	0.8	0.22	0.82
出生月份： 9—12 月	−0.070 (0.092)	未匹配	0.349	0.355	−1.3	−0.33	0.74
		匹配	0.347	0.358	−2.2	−0.63	0.53
房子建筑结构	0.044 (0.190)	未匹配	0.070	0.073	−1.4	−0.34	0.73
		匹配	0.071	0.077	−2.2	−0.60	0.55
房子建成时间	0.114 (0.090)	未匹配	0.548	0.511	7.6	1.88	0.06
		匹配	0.546	0.576	−5.8	−1.67	0.10
有饮用自来水	−0.051 (0.105)	未匹配	0.466	0.469	−0.6	−0.15	0.88
		匹配	0.470	0.465	1	0.28	0.78
有厨房	−0.227* (0.120)	未匹配	0.757	0.803	−11.2	−2.77	0.01
		匹配	0.758	0.735	5.5	1.50	0.14
炊事燃料： 燃气或电	0.204 (0.179)	未匹配	0.099	0.103	−1.2	−0.29	0.77
		匹配	0.098	0.078	6.8	2.05	0.04

	处理组：1＝出生年份为 1983—1987 年；控制组：0＝出生年份为 1979—1982 年					
Logistic 回归结果	未匹配或匹配	数据平衡（Data Balancing）		标准偏差(%)	t 检验	
		均值				
		处理组	控制组		t	p>|t|
(1)	(2)	(3)	(4)	(5)	(6)	(7)
户口城市固定效应 是	样本量	平均标准偏差(%)				
样本量 2 642	未匹配	8.1				
Pseudo R^2 0.071	匹配	2.9				

注：①＊、＊＊和＊＊＊分别表示在 10%、5%和 1%水平上显著；②连续变量的标准偏差计算公式为 $\dfrac{|\bar{x}_{treat}-\bar{x}_{control}|}{\sqrt{\frac{1}{2}(s^2_{treat}+s^2_{control})}}$，而二值变量的标准偏差计算公式则为

$\dfrac{|\bar{x}_{treat}-\bar{x}_{control}|}{\sqrt{\frac{1}{2}(\bar{x}_{treat}*(1-\bar{x}_{treat})+\bar{x}_{control}*(1-\bar{x}_{control}))}}$，其中，$\bar{x}$ 和 s 表示变量 x 的均值和标准差。

各协变量在匹配前后的统计事实分别汇报于各行的"未匹配"和"匹配"。

附表 2－5　PSM 的数据平衡检验结果：少数民族的女性样本

	处理组：1＝出生年份为 1983—1987 年；控制组：0＝出生年份为 1979—1982 年					
Logistic 回归结果	未匹配或匹配	数据平衡（Data Balancing）		标准偏差(%)	t 检验	
		均值				
		处理组	控制组		t	p>|t|
(1)	(2)	(3)	(4)	(5)	(6)	(7)
父亲受教育程度	0.148	未匹配	0.506	0.475	6.2	1.16	0.25
	(0.138)	匹配	0.505	0.495	1.8	0.47	0.64
母亲受教育程度	0.361**	未匹配	0.317	0.292	5.6	1.03	0.30
	(0.154)	匹配	0.317	0.303	3.1	0.80	0.42
民族：汉族	—	未匹配	—	—	—	—	—
		匹配	—	—	—	—	—

	处理组：1＝出生年份为1983—1987年； 控制组：0＝出生年份为1979—1982年						
	Logistic 回归结果	数据平衡（Data Balancing）					
		未匹配 或匹配	均值		标准偏差(%)	t检验	
			处理组	控制组		t	p>|t|
	(1)	(2)	(3)	(4)	(5)	(6)	(7)
户口类型： 农业户口	0.986***	未匹配	0.845	0.700	35.2	6.93	0.00
	(0.176)	匹配	0.842	0.839	0.7	0.21	0.83
兄弟数量	−0.243***	未匹配	1.503	1.613	−12.4	−2.37	0.02
	(0.072)	匹配	1.511	1.521	−1	−0.28	0.78
姐妹数量	−0.131**	未匹配	1.014	1.136	−10.1	−1.89	0.06
	(0.054)	匹配	1.029	1.057	−2.3	−0.64	0.52
出生月份： 9—12月	0.074	未匹配	0.369	0.341	5.7	1.06	0.29
	(0.125)	匹配	0.365	0.358	1.4	0.36	0.72
房子建筑结构	0.141	未匹配	0.086	0.104	−5.9	−1.12	0.26
	(0.243)	匹配	0.088	0.100	−4.1	−1.07	0.29
房子建成时间	0.047	未匹配	0.544	0.510	6.8	1.26	0.21
	(0.126)	匹配	0.544	0.570	−5.2	−1.33	0.18
有饮用自来水	−0.078	未匹配	0.494	0.540	−9.3	−1.72	0.09
	(0.145)	匹配	0.496	0.462	6.8	1.75	0.08
有厨房	0.017	未匹配	0.770	0.795	−6	−1.11	0.27
	(0.162)	匹配	0.766	0.752	3.5	0.86	0.39
炊事燃料： 燃气或电	−0.206	未匹配	0.112	0.164	−15.2	−2.95	0.00
	(0.230)	匹配	0.113	0.102	3.3	0.94	0.35
户口城市固定效应	是	样本量	平均标准偏差(%)				
样本量	1806	未匹配	10.8				
Pseudo R^2	0.088	匹配	3.0				

注：①＊＊和＊＊＊分别表示在5%、1%水平上显著；②连续变量的标准偏差计算公式为

$$\frac{\left|\overline{x}_{treat}-\overline{x}_{control}\right|}{\sqrt{\frac{1}{2}(s_{treat}^2+s_{control}^2)}}，$$

而二值变量的标准偏差计算公式则为

$$\frac{\left|\overline{x}_{treat}-\overline{x}_{control}\right|}{\sqrt{\frac{1}{2}(\overline{x}_{treat}*(1-\overline{x}_{treat})+\overline{x}_{control}*(1-\overline{x}_{control}))}}，$$

其中，$\overline{x}$和s表示变量x的均值和标准差。各协变量在匹配前后的统计事实分别汇报于各行的"未匹配"和"匹配"。

附表 2-6　PSM 的数据平衡检验结果：城镇户口的男性样本

	Logistic 回归结果	数据平衡（Data Balancing）					
		未匹配或匹配	均值		标准偏差（%）	t 检验	
			处理组	控制组		t	p＞|t|
	(1)	(2)	(3)	(4)	(5)	(6)	(7)
父亲受教育程度	0.543*** (0.090)	未匹配	0.809	0.708	23.8	7.58	0.00
		匹配	0.809	0.818	-2.2	-0.79	0.43
母亲受教育程度	0.445*** (0.080)	未匹配	0.621	0.505	23.5	7.45	0.00
		匹配	0.620	0.597	4.7	1.54	0.12
民族：汉族	-0.239 (0.179)	未匹配	0.908	0.912	-1.4	-0.46	0.65
		匹配	0.909	0.892	5.9	1.85	0.07
户口类型：农业户口	—	未匹配	—	—	—	—	—
		匹配	—	—	—	—	—
兄弟数量	-0.113* (0.061)	未匹配	0.354	0.393	-6.1	-1.94	0.05
		匹配	0.354	0.400	-7.2	-2.39	0.02
姐妹数量	-0.135** (0.057)	未匹配	1.261	1.327	-10.2	-3.23	0.00
		匹配	1.261	1.256	0.9	0.31	0.76
出生月份：9—12 月	0.017 (0.073)	未匹配	0.367	0.356	2.3	0.74	0.46
		匹配	0.366	0.349	3.6	1.18	0.24
房子建筑结构	-0.059 (0.085)	未匹配	0.406	0.391	3	0.94	0.35
		匹配	0.407	0.401	1.2	0.38	0.71
房子建成时间	-0.031 (0.074)	未匹配	0.556	0.553	0.5	0.16	0.87
		匹配	0.556	0.569	-2.7	-0.87	0.39
有饮用自来水	0.028 (0.108)	未匹配	0.834	0.822	3.1	0.99	0.32
		匹配	0.834	0.845	-2.7	-0.92	0.36

处理组：1＝出生年份为 1983—1987 年；控制组：0＝出生年份为 1979—1982 年

续表

	处理组：1＝出生年份为 1983—1987 年； 控制组：0＝出生年份为 1979—1982 年					
	数据平衡（Data Balancing）					
Logistic 回归结果	未匹配 或匹配	均值		标准偏 差(%)	t 检验	
		处理组	控制组		t	p＞|t|
(1)	(2)	(3)	(4)	(5)	(6)	(7)
有厨房　　　−0.316** 　　　　　　(0.149)	未匹配	0.927	0.937	−4.1	−1.31	0.19
	匹配	0.927	0.943	−6.4	−2.12	0.03
炊事燃料：　−0.120 燃气或电　　(0.097)	未匹配	0.620	0.625	−1	−0.32	0.75
	匹配	0.621	0.637	−3.3	−1.08	0.28
户口城市固定效应　是	样本量		平均标准偏差(%)			
样本量　　　4 034	未匹配		7.2			
Pseudo R² 　　0.077	匹配		3.7			

注：①＊、＊＊和＊＊＊分别表示在 10%、5%和 1%水平上显著；②连续变量的标准偏差计算公式为 $\dfrac{|\overline{x}_{treat}-\overline{x}_{control}|}{\sqrt{\dfrac{1}{2}(s^2_{treat}+s^2_{control})}}$，而二值变量的标准偏差计算公式则为 $\dfrac{|\overline{x}_{treat}-\overline{x}_{control}|}{\sqrt{\dfrac{1}{2}(\overline{x}_{treat}*(1-\overline{x}_{treat})+\overline{x}_{control}*(1-\overline{x}_{control}))}}$，其中，$\overline{x}$ 和 s 表示变量 x 的均值和标准差。各协变量在匹配前后的统计事实分别汇报于各行的"未匹配"和"匹配"。

附表 2-7　PSM 的数据平衡检验结果：城镇户口的女性样本

	处理组：1＝出生年份为 1983—1987 年； 控制组：0＝出生年份为 1979—1982 年					
	数据平衡（Data Balancing）					
Logistic 回归结果	未匹配 或匹配	均值		标准偏 差(%)	t 检验	
		处理组	控制组		t	p＞|t|
(1)	(2)	(3)	(4)	(5)	(6)	(7)
父亲受教育　0.214** 程度　　　　(0.098)	未匹配	0.815	0.768	11.5	3.48	0.00
	匹配	0.814	0.804	2.5	0.89	0.37

续表

	处理组：1＝出生年份为1983—1987年；控制组：0＝出生年份为1979—1982年						
	Logistic 回归结果	数据平衡（Data Balancing）					
		未匹配或匹配	均值		标准偏差（%）	t 检验	
			处理组	控制组		t	p＞|t|
	（1）	（2）	（3）	（4）	（5）	（6）	（7）
母亲受教育程度	0.446*** (0.085)	未匹配	0.648	0.555	19	5.71	0.00
		匹配	0.646	0.636	2.2	0.76	0.45
民族：汉族	−0.203 (0.181)	未匹配	0.908	0.906	0.6	0.18	0.86
		匹配	0.910	0.904	2.2	0.75	0.45
户口类型：农业户口	—	未匹配	—	—	—	—	—
		匹配	—	—	—	—	—
兄弟数量	−0.071 (0.083)	未匹配	1.168	1.186	−3.9	−1.19	0.24
		匹配	1.169	1.164	1.1	0.40	0.69
姐妹数量	−0.055 (0.049)	未匹配	0.460	0.484	−3	−0.89	0.37
		匹配	0.462	0.461	0.2	0.06	0.96
出生月份：9—12月	0.000 (0.075)	未匹配	0.378	0.382	−0.8	−0.23	0.82
		匹配	0.379	0.377	0.5	0.18	0.86
房子建筑结构	−0.048 (0.091)	未匹配	0.416	0.411	0.9	0.26	0.80
		匹配	0.417	0.459	−8.6	−2.92	0.00
房子建成时间	0.205*** (0.080)	未匹配	0.589	0.546	8.6	2.57	0.01
		匹配	0.589	0.586	0.6	0.21	0.84
有饮用自来水	−0.111 (0.120)	未匹配	0.836	0.858	−6.3	−1.88	0.06
		匹配	0.838	0.843	−1.4	−0.48	0.63
有厨房	−0.125 (0.161)	未匹配	0.931	0.937	−2.4	−0.72	0.47
		匹配	0.931	0.922	3.6	1.17	0.24

	处理组：1＝出生年份为 1983—1987 年；控制组：0＝出生年份为 1979—1982 年					
Logistic 回归结果	数据平衡（Data Balancing）					
	未匹配或匹配	均值		标准偏差（%）	t 检验	
		处理组	控制组		t	p＞|t|
(1)	(2)	(3)	(4)	(5)	(6)	(7)
炊事燃料： −0.193*	未匹配	0.643	0.669	−5.5	−1.63	0.10
燃气或电 (0.107)	匹配	0.646	0.661	−3.1	−1.07	0.28
户口城市固定效应　是	样本量	平均标准偏差（%）				
样本量　　3 794	未匹配	5.7				
Pseudo R² 0.067	匹配	2.4				

注：①＊、＊＊和＊＊＊分别表示在 10%、5% 和 1% 水平上显著；②连续变量的标准偏差计算公式为 $\dfrac{|\overline{x}_{treat}-\overline{x}_{control}|}{\sqrt{\dfrac{1}{2}(s^2_{treat}+s^2_{control})}}$，而二值变量的标准偏差计算公式则为

$\dfrac{|\overline{x}_{treat}-\overline{x}_{control}|}{\sqrt{\dfrac{1}{2}(\overline{x}_{treat}*(1-\overline{x}_{treat})+\overline{x}_{control}*(1-\overline{x}_{control}))}}$，其中，$\overline{x}$ 和 s 表示变量 x 的均值和标准差。

各协变量在匹配前后的统计事实分别汇报于各行的"未匹配"和"匹配"。

二、表 4-2 和表 4-4 至表 4-6 的结果——替换各城市"一孩政策"实施强度变量

附表 2-8 至 2-11 为本书第四章节中，使用 2000 年人口普查数据，以"各户口城市 t 年及之前出生的汉族独生子女数量变化量平均值"替换"各户口城市 t 年及之前出生的汉族独生子女数量增长率平均值"。然后，按照正文表 4-2 和表 4-4 至表 4-6 的实证思路，重新回归的实证结果。其中，关于"各户口城市 t 年及之前出生的汉族独生子女数量变化量平均值"定义如下：由于 2005 年人口普查数据仅调查年龄为 30 周岁以下的受访者兄弟姐妹数量，以及 1976 年出生的个体受 1979 年以后"一孩政策"影响较小，以 1976 年出生的汉族独生子女数量为基期，计算 i 省份 k 户口城市，$t-2$ 至 t 年出生的汉族独生子女数量变化量平均值，以 100 为单位。

其中,附表 2-8 对应正文中表 4-2 的实证结果;附表 2-9 对应正文中表 4-4 的基准结果;附表 2-10 对应正文中表 4-5 利用工具变量法校正可能存在的内生性偏误结果;附表 2-11 对应正文中表 4-6 的稳健性检验结果。结果显示:即便利用"各户口城市 t 年及之前出生的汉族独生子女数量变化量平均值"衡量各户口城市 t 年及之后"一孩政策"实施强度,各省 t 年及之后的超生罚款仍会显著提高各户口城市 t 年及之前出生的汉族独生子女数量变化量平均值;以及各城市 t 年及之后"一孩政策"实施强度仍会显著提高 t 年出生的个体获得高中教育概率。即便使用工具变量法校正可能存在的内生性偏误问题,以及进行一系列稳健性检验,结论不变。

上述的结果表明,即便"各户口城市 t 年及之前出生的汉族独生子女数量变化量平均值"衡量各户口城市 t 年及之后"一孩政策"实施强度,各城市 t 年及之后"一孩政策"的实施强度会显著提高 t 年出生个体高中教育获得的概率,这一结论仍稳健成立。

附表 2-8　各城市"一孩政策"实施强度指标的合理性

| | 被解释变量:各城市独生子女数量变化量平均值($t-2$ 至 t 年) | | | | |
| | 核心解释变量:各省超生罚款(t 年及之后) | | | | |
	(1)	(2)	(3)	(4)	(5)
超生罚款(t 至 $t+2$ 年的平均值)	0.041*** (0.011)	0.052*** (0.013)			
超生罚款(t 至 $t+3$ 年的平均值)			0.052*** (0.013)		
超生罚款(t 至 $t+4$ 年的平均值)				0.051*** (0.012)	
超生罚款(t 至 $t+5$ 年的平均值)					0.049*** (0.011)
户口城市固定效应		是	是	是	是
样本量	5 540	5 540	5 263	4 986	4 709
R^2	0.016	0.667	0.697	0.728	0.758

注:括号内为聚类到户口城市的稳健标准误,***表示在1%水平上显著。限于篇幅,户口城市固定效应实证结果,未予列示。

附表 2 - 9　基准结果

回归数据	Census 2000		
被解释变量	t 年出生的个体是否获得高中教育(1=高中及以上;0=初中毕业)		
核心解释变量	衡量指标:各城市独生子女数量变化量平均值(t－2 至 t 年)		
回归序号	(1)	(2)	(3)
"一孩政策"实施强度(t 年及之后)	0.216*** (0.038)	0.033*** (0.011)	0.031*** (0.012)
民族:汉族			－0.001 (0.006)
性别:男性			0.013*** (0.003)
户口:农业户口			－0.599*** (0.007)
出生月份:9—12 月			0.017*** (0.001)
户口城市固定效应		是	是
样本量	440 059	440 059	440 059
R^2	0.034	0.123	0.401

注:括号内为聚类到户口城市层面的稳健标准误,***表示在 1%水平上显著。限于篇幅,户口城市固定效应实证结果,未予列示。

附表 2 - 10　校正可能存在的内生性偏误:工具变量法(Ⅳ)

回归数据	Census 2000	
被解释变量	t 年出生的个体是否获得高中教育 (1=高中及以上;0=初中毕业)	
核心解释变量	衡量指标:各城市独生子女数量变化量平均值(t－2 至 t 年)	
回归序号	(1)	(2)
"一孩政策"实施强度 (t 年及之后)		1.366*** (0.248)
同一省份其他城市"一孩政策"实施强度(t 年及之后)	0.101*** (0.019)	

回归数据	Census 2000	
被解释变量	t 年出生的个体是否获得高中教育 （1＝高中及以上；0＝初中毕业）	
核心解释变量	衡量指标：各城市独生子女数量变化量平均值（$t-2$ 至 t 年）	
回归序号	（1）	（2）
控制变量	是	是
户口城市固定效应	是	是
样本量	440 059	440 059
R^2	0.825	0.173
第一阶段 F 统计量	27.707	

注：括号内为聚类到户口城市的稳健标准误。＊＊＊表示在 1% 水平上显著。限于篇幅，控制变量（民族、性别、户口类型、出生月份虚拟变量）和户口城市固定效应的实证结果，未予列示。

附表 2－11　稳健性检验：1－3

回归数据	Census 2000				
被解释变量	t 年出生的个体是否获得高中教育 （1＝高中及以上；0＝初中毕业）				
核心解释变量	衡量指标：各城市独生子女数量变化量平均值（$t-2$ 至 t 年）				
回归样本	扩大回归 样本＋1	扩大回归 样本＋3	$OCP_{i,k,t}$ 城市为正	城市独生 子女数≥10	城市独生 子女数≥30
回归序号	（1）	（2）	（3）	（4）	（5）
"一孩政策"实施强度（t 年及之后）	0.030＊＊＊ (0.011)	0.028＊＊＊ (0.009)	0.025＊＊＊ (0.009)	0.029＊＊＊ (0.011)	0.016＊＊＊ (0.005)
控制变量	是	是	是	是	是
户口城市固定效应	是	是	是	是	是
样本量	550 305	675 771	192 223	228 778	52 047
R^2	0.381	0.362	0.431	0.434	0.443

注：括号内为聚类到户口城市的稳健标准误。＊＊＊表示在 1% 水平上显著。限于篇幅，控制变量（民族、性别、户口类型、出生月份虚拟变量）和户口城市固定效应的实证结果，未予列示。

三、表4-4至表4-6和表4-8的结果——来自2005年人口普查
　　数据的经验证据

　　附表2-12至2-15为本书第四章节中,使用2005年人口普查数据,按照
正文表4-4至表4-6和表4-8的实证思路,重新回归的实证结果。其中,附
表2-12对应正文表4-4的基准结果;附表4-13对应正文表4-5利用工具
变量法校正可能存在的内生性偏误结果;附表4-14对应正文表4-6的稳健性
检验结果。结果显示:即便使用2005年人口普查数据作为回归样本,各城市 t
年及之后"一孩政策"的实施强度会显著提高 t 年出生个体高中教育获得的概
率,这一结论仍稳健成立。

　　附表4-15为研究各城市 t 年的"一孩政策"实施强度对 t 年出生个体高中
教育获得概率的影响情况。其中,各列与正文表4-8一一对应,具体包括:基
准结果[第(1)列]、利用工具变量法校正可能存在的内生性偏误[第(2)、(3)
列]、利用虚假的回归样本进行安慰剂检验[第(4)、(5)列]。结果显示:即便使
用2005年人口普查数据作为回归样本,各城市 t 年"一孩政策"的实施强度会
显著提高 t 年出生个体高中教育获得的概率,这一结论仍稳健成立。

附表 2-12　基准结果

回归数据	Census 2005		
被解释变量	t 年出生的个体是否获得高中教育(1=高中及以上;0=初中毕业)		
回归序号	(1)	(2)	(3)
"一孩政策"实施强度(t 年及之后)	0.084*** (0.025)	0.033*** (0.006)	0.026*** (0.005)
民族:汉族			0.005 (0.008)
性别:男性			0.026*** (0.004)
户口:农业户口			−0.562*** (0.009)

回归数据	Census 2005		
被解释变量	t 年出生的个体是否获得高中教育(1=高中及以上;0=初中毕业)		
回归序号	(1)	(2)	(3)
出生月份：9—12月			0.006** (0.003)
户口城市固定效应		是	是
样本量	110 586	110 586	110 586
R^2	0.018	0.134	0.382

注：括号内为聚类到户口城市层面的稳健标准误，**和***分别表示在5%、1%水平上显著。限于篇幅，户口城市固定效应实证结果，未予列示。

附表 2-13　校正可能存在的内生性偏误：工具变量法(IV)

回归数据	Census 2005	
被解释变量	t 年出生的个体是否获得高中教育 (1=高中及以上;0=初中毕业)	
回归序号	(1)	(2)
"一孩政策"实施强度（t 年及之后）		0.049*** (0.014)
同一省份其他城市"一孩政策"实施强度（t 年及之后）	0.948*** (0.121)	
控制变量	是	是
户口城市固定效应	是	是
样本量	110 586	110 586
R^2	0.924	0.382
第一阶段 F 统计量	61.058	

注：括号内为聚类到户口城市的稳健标准误。***表示在1%水平上显著。限于篇幅，控制变量(民族、性别、户口类型、出生月份虚拟变量)和户口城市固定效应的实证结果，未予列示。

附表 2 - 14 稳健性检验：1 - 3

回归数据	Census 2005				
被解释变量	t 年出生的个体是否获得高中教育 （1＝高中及以上；0＝初中毕业）				
回归样本	扩大回归 样本＋1	扩大回归 样本＋3	$OCP_{i,k,t}$： 城市为正	城市独生 子女数≥10	城市独生 子女数≥30
"一孩政策"实施强 度（t 年及之后）	汉族独生子女数量变化比例的平均值（当期及之前）				
回归序号	（1）	（2）	（3）	（4）	（5）
"一孩政策"实施强 度（t 年及之后）	0.023*** （0.005）	0.015** （0.006）	0.028*** （0.006）	0.030*** （0.007）	0.026** （0.010）
控制变量	是	是	是	是	是
户口城市固定效应	是	是	是	是	是
样本量	137 268	189 209	45 465	58 431	16 269
R^2	0.378	0.353	0.433	0.418	0.440

注：括号内为聚类到户口城市的稳健标准误。＊＊和＊＊＊分别表示在5%、1%水平上显著。限于篇幅，控制变量（民族、性别、户口类型、出生月份虚拟变量）和户口城市固定效应的实证结果，未予列示。

附表 2 - 15 "一孩政策"实施强度（当期）对个体高中教育的影响

回归数据	Census 2005				
被解释变量	t 年出生的个体是否获得高中教育 （1＝高中及以上；0＝初中毕业）				
考虑因素	基准回归	工具变量法		安慰剂检验	
	OLS	IV - 2SLS		1970—1974	1970—1976
回归序号	（1）	（2）	（3）	（4）	（5）
"一孩政策"实施强 度（t 年）	0.026*** （0.007）		0.117*** （0.043）	－0.002 （0.009）	0.002 （0.009）
同一省份其他城市 "一孩政策"（t 年）		0.605*** （0.112）			
控制变量	是	是	是	是	是
户口城市固定效应	是	是	是	是	是
样本量	110 465	110 435	110 435	159 738	214 964
R^2	0.381	0.519	0.380	0.357	0.359
第一阶段的 F 统计量			28.987		

注：括号内为聚类到户口城市的稳健标准误。＊＊＊表示在1%水平上显著。限于篇幅，控制变量（民族、性别、户口类型、出生月份虚拟变量）和户口城市固定效应的实证结果，未予列示。

四、表5-9至表5-10中工具变量"排他性"的其他检验结果

附表2-16至2-17为本书第五章节中,使用工具变量满足"排他性"的其他检验结果。正文表5-9至表5-10中,选取班级内有5位及以上和10位及以上在家长问卷中报告不认识其他家长和不主动与班主任联系的家长样本,然后重新计算班级内平均负向情绪,并进一步使用IV-2SLS估计方法进行实证回归。结果显示,即便分别排除了家长间相互交流的途径和排除家长与班主任老师联系的途径之后,班级内负向情绪会传染,这一结论仍稳健成立。

为了使结论更为稳健,附表2-16还分别选取班级内6位及以上、7位及以上、8位及以上和9位及以上在家长问卷中报告不认识其他家长或没主动联系老师的样本,然后重新计算班级内平均负向情绪,并进一步使用IV-2SLS估计方法进行实证回归。其中,第(1)—(4)列为使用在家长问卷中报告不认识其他家长的样本;第(5)—(8)列则为使用报告不主动与班主任联系的家长样本。结论不变。

此外,与正文表5-10不同,附表2-17采用班主任不主动与家长联系的样本,具体为:选取班级内有5位及以上和10位及以上在家长问卷中报告班主任不主动联系家长的样本,然后重新计算班级内平均负向情绪,并进一步使用IV-2SLS估计方法进行实证回归。结果显示,即便排除班主任主动与家长联系的途径之后,班级内负向情绪会传染,这一结论仍稳健成立。

附表2-16 工具变量"排他性"的其他检验：不认识学生家长和不联系老师

	班级：不认识其他学生家长的家长样本				班级：不与班主任联系的家长样本			
	IV-2SLS							
	6位及以上	7位及以上	8位及以上	9位及以上	6位及以上	7位及以上	8位及以上	9位及以上
	(1)	(2)	(3)	(4)	(5)	(6)	(7)	(8)
被解释变量(个人)：沮丧程度								
班级平均沮丧	0.517**	0.431*	0.288*	0.342**	0.686**	0.517**	0.424**	0.431**
	(0.240)	(0.246)	(0.173)	(0.163)	(0.303)	(0.218)	(0.200)	(0.192)
控制变量	是	是	是	是	是	是	是	是
校级效应	是	是	是	是	是	是	是	是
样本量	10339	9383	8268	7109	10870	10160	9392	8653
被解释变量(个人)：不快乐程度								
班级平均不快乐	0.659***	0.643***	0.395*	0.234	0.872***	0.785***	0.807***	0.749***
	(0.200)	(0.211)	(0.202)	(0.254)	(0.248)	(0.236)	(0.282)	(0.209)
控制变量	是	是	是	是	是	是	是	是
校级效应	是	是	是	是	是	是	是	是
样本量	10339	9383	8268	7109	12893	12077	11198	10305
被解释变量(个人)：悲伤程度								
班级平均悲伤	1.938	1.238	0.307	0.064	0.486	0.454	0.432	0.496*
	(4.300)	(1.427)	(0.343)	(0.234)	(0.310)	(0.381)	(0.401)	(0.285)
控制变量	是	是	是	是	是	是	是	是
校级效应	是	是	是	是	是	是	是	是
样本量	10339	9383	8268	7109	12893	12077	11198	10305

续表

	班级：不认识其他学生家长的样本				班级：不与班主任联系的家长样本			
	IV-2SLS							
	(1)	(2)	(3)	(4)	(5)	(6)	(7)	(8)
	6位及以上	7位及以上	8位及以上	9位及以上	6位及以上	7位及以上	8位及以上	9位及以上
被解释变量（个人）：生活没意思程度								
班级平均生活没意思	0.616***	0.580***	0.443***	0.405***	0.931***	0.825**	0.894**	0.996*
	(0.154)	(0.158)	(0.131)	(0.115)	(0.336)	(0.358)	(0.455)	(0.541)
控制变量	是	是	是	是	是	是	是	是
校级效应	是	是	是	是	是	是	是	是
样本量	10 339	9 383	8 268	7 109	12 893	12 077	11 198	10 305
被解释变量（个人）：抑郁程度								
班级平均抑郁	0.409***	0.327***	0.284**	0.305**	0.317*	0.247*	0.266	0.272*
	(0.137)	(0.112)	(0.122)	(0.132)	(0.175)	(0.148)	(0.173)	(0.162)
控制变量	是	是	是	是	是	是	是	是
校级效应	是	是	是	是	是	是	是	是
样本量	10 339	9 383	8 268	7 109	10 870	10 160	9 392	8 653

注：括号内为聚类到班级层面的稳健标准误。***、**、*分别为1%、5%和10%水平上显著。各列回归中，核心解释变量（班级层面和被解释变量（个人层面）的负向情绪相一致，例如，第（1）列的负向情绪（班级平均）为班级平均组内受访者人外）。控制变量同正文表3-2一致，具体包括：学生（年级、性别、绝对年龄、相对年龄、户口、民族、独生子女、父母工作单位性质和受教育程度、调查学期。限于篇幅，第一阶段回归结果、控制变量与校级固定效应实证结果，未予列示。

161

附表 2-17 工具变量"排他性"的其他检验：班主任不与家长联系样本

回归序号	(1)	(2)	(3)	(4)	(5)
回归样本	班主任不与家长联系的学生家长样本为 5 个及以上的班级				
被解释变量(个人)	沮丧	不快乐	悲伤	生活没意思	抑郁
估计方法	IV - 2SLS				
负向情绪(班级平均)	0.702***	0.598***	0.479***	0.545***	0.360**
	(0.249)	(0.152)	(0.182)	(0.134)	(0.165)
控制变量	是	是	是	是	是
校级固定效应	是	是	是	是	是
样本数	13 972	13 972	13 972	13 972	13 972
	(6)	(7)	(8)	(9)	(10)
	班主任不与家长联系的学生家长样本为 10 个及以上的班级				
	沮丧	不快乐	悲伤	生活没意思	抑郁
	IV - 2SLS				
负向情绪(班级平均)	0.553**	0.778***	0.514***	0.509***	0.409**
	(0.182)	(0.168)	(0.156)	(0.129)	(0.200)
控制变量	是	是	是	是	是
校级固定效应	是	是	是	是	是
样本数	11 964	11 964	11 964	11 964	11 964

注：括号内为聚类到班级层面的稳健标准误，***、**分别为1%、5%水平上显著。各列回归中，核心解释变量(班级层面)和被解释变量(个体层面)的负向情绪一致，例如，第(1)列的负向情绪(班级平均)为班级平均沮丧程度(除本人外)。控制变量同正文表3-2一致，具体包括：学生(年级、性别、绝对年龄、相对年龄、民族、户口和独生子女)、父母(工作单位性质和受教育程度)、学期效应和年级效应。限于篇幅，第一阶段回归结果、控制变量与校级固定效应实证结果，未予列示。

参考文献

［1］都阳,John Giles.城市劳动力市场上的就业冲击对家庭教育决策的影响[J].经济研究,2006(04)：58－67.

［2］都阳,杨翠芬.高校扩招对中国农村地区高中入学决策的影响[J].劳动经济研究,2014,2(02)：3－15.

［3］李宏彬,张俊森.中国人力资本投资与回报[M].北京：北京大学出版社,2008.

［4］李强,臧文斌.父母外出对留守儿童健康的影响[J].经济学(季刊),2011,10(01)：341－360.

［5］李晓曼,曾湘泉.新人力资本理论——基于能力的人力资本理论研究动态[J].经济学动态,2012(11)：120－126.

［6］李云森.自选择、父母外出与留守儿童学习表现——基于不发达地区调查的实证研究[J].经济学(季刊),2013,12(03)：1027－1050.

［7］梁耀明,何勤英.大学生学业成绩的宿舍同伴效应分析[J].教育与经济,2017(04)：83－88.

［8］刘斌,李磊,莫骄.幸福感是否会传染[J].世界经济,2012,35(06)：132－152＋155－160＋153－154.

［9］秦雪征,庄晨,杨汝岱.计划生育对子女教育水平的影响——来自中国的微观证据[J].经济学(季刊),2018,17(03)：897－922.

［10］王春超,钟锦鹏.同群效应与非认知能力——基于儿童的随机实地实验研究[J].经济研究,2018,53(12)：177－192.

［11］邢春冰.教育扩展、迁移与城乡教育差距——以大学扩招为例[J].经济学

（季刊），2013，13（01）：207－232.

［12］袁玉芝.教育中的同伴效应分析——基于上海 2012 年 PISA 数据［J］.上海教育科研，2016（03）：30－34＋25.

［13］袁舟航，闵师，项诚.农村小学同伴效应对学习成绩的影响：近朱者赤乎？［J］.教育与经济，2018（01）：65－73.

［14］张川川，马光荣.宗族文化、男孩偏好与女性发展［J］.世界经济，2017，40（03）：122－143.

［15］张春泥，谢宇.入学年龄限制真的造成了"七八月陷阱"吗？——兼评刘德寰、李雪莲《"七八月"的孩子们》［J］.社会学研究，2017，32（01）：54－77＋243－244.

［16］张兆曙，陈奇.高校扩招与高等教育机会的性别平等化——基于中国综合社会调查（CGSS2008）数据的实证分析［J］.社会学研究，2013，28（02）：173－196＋245.

［17］赵颖.员工下岗、家庭资源与子女教育［J］.经济研究，2016，51（05）：101－115＋129.

［18］郑磊.教育中的社区效应和同伴效应：方法、证据及政策启示［J］.教育学报，2013，11（05）：99－110.

［19］郑筱婷，陆小慧.有兄弟对女性是好消息吗？——家庭人力资本投资中的性别歧视研究［J］.经济学（季刊），2017，17（01）：277－298.

［20］钟粤俊，董志强.更多兄弟姐妹是否降低个人教育成就？——来自中国家庭的微观证据［J］.财经研究，2018，44（02）：75－89.

［21］ACEMOGLU D，ANGRIST J. How Large Are Human-Capital Externalities? Evidence from Compulsory Schooling Laws ［J］. NBER Macroeconomics Annual，2000，15：9－59.

［22］AHN N. Effects of the One-Child Family Policy on Second and Third Births in Hebei，Shaanxi and Shanghai ［J］. Journal of Population

Economics，1994,7(1)：63－78.

[23] AI C，NORTON E C. Interaction Terms in Logit and Probit Models [J]. Economics Letters，2003,80(1)：123－129.

[24] ANASTASI A. Intelligence and Family Size ［J］. Psychological Bulletin，1956,53(3)：187－209.

[25] ANDERSSON L M，PEARSON A C M. Tit for Tat? The Spiraling Effect of Incivility in the Workplace [J]. The Academy of Management Review，1999,24(3)：452－471.

[26] ANGRIST J，LAVY V. SCHLOSSER A. Multiple Experiments for the Causal Link between the Quantity and Quality of Children [J]. Journal of Labor Economics，2010,28(4)：773－824.

[27] ANTERCOL H，EREN O，OZBEKLIK S. The Effect of Teacher Gender on Student Achievement in Primary School [J]. Journal of Labor Economics，2015,33(1)：63－89.

[28] ARNOTT R，ROWSE J. Peer Group Effects and Educational Attainment [J]. Journal of Public Economics，1987,32(3)：287－305.

[29] ASHRAF N，BAU N，NUNN N，VOENA A. Bride Price and Female Education [J]. Social Science Electronic Publishing，2016.

[30] BANISTER J. China's Changing Population ［M］. CA：Stanford University Press，1991.

[31] BAUER T，GANG I. Sibling Rivalry in Educational Attainment：The German Case [J]. Labour，2001,15(2)：237－255.

[32] BECKER G S，LEWIS H G. On the Interaction between the Quantity and Quality of Children [J]. Journal of Political Economy，1973,81(1－2)：279－288.

[33] BECKER G S，TOMES N. Human Capital and the Rise and Fall of

Families [J]. Journal of Labor Economics, 1976,4. S1 - S39.

[34] BEDARD K, DHUEY E. The Persistence of Early Childhood Maturity: International Evidence of Long-Run Age Effects [J]. Quarterly Journal of Economics, 2006,121(4): 1437 - 1472.

[35] BLACK S E, DEVEREUX P J, SALVANES K G. Under pressure? The Effect of Peers on Outcomes of Young Adults [J]. Journal of Labor Economics, 2013,31(1): 119 - 153.

[36] BLACK S, DEVEREUX P, SALVANES K G. The More the Merrier? The Effect of Family Size and Birth Order on Children's Education [J]. The Quarterly Journal of Economics, 2005,120(2): 669 - 700.

[37] BOWLES S, OSBORNE G M. The Determinants of Earnings: A Behavioral Approach [J]. Journal of Economic Literature, 2001,39(4): 1137 - 1176.

[38] BOYCE C J, WOOD A M. Personality and the Marginal Utility of Income: Personality Interacts with Increases in Household Income to Determine Life Satisfaction [J]. Journal of Economic Behavior and Organization, 2011,78(1 - 2): 183 - 191.

[39] BRAMALL C. Chinese Land Reform in Long Run Perspective and in the Wider Asian Context [J]. Journal of Agrarian Change, 2004,4(1 - 2): 107 - 141.

[40] BROWN S, TAYLOR K. Household Finances and the "Big Five" Personality Traits [J]. Journal of Economic Psychology, 2014,45: 197 - 212.

[41] BRUNELLO G, PAOLA M D, SCOPPA V. Peer Effects in Higher Education: Does the Field of Study Matter [J]. Working Papers, 2009, 51(3): 1914 - 1914.

[42] BUCHMANN C, DIPRETE T A, MCDANIEL A. Gender Inequalities in Education [J]. Annual Review of Sociology, 2008, 34 (1): 319 - 337.

[43] BURKET M A, SASS T R. Classroom Peer Effects and Student Achievement [J]. Calder Urban Institute Working Paper 18, 2008.

[44] CACERES-DELPIANO J. The Impacts of Family Size on Investment in Child Quality [J]. The Journal of Human Resources, 2006, 41(4): 738 - 754.

[45] CAMERON L, ERKAL N, GANGADHARAN L, MENG X. Little Emperors: Behavioral Impacts of China's One-Child Policy [J]. Science, 2013, 339(6122): 953 - 957.

[46] CARMAN K G, ZHANG L. Classroom Peer Effects and Academic Achievement: Evidence from a Chinese Middle School [J]. China Economic Review, 2012, 23(2): 223 - 237.

[47] CHUNG J H. Central Control and Local Discretion in China [M]. Oxford: Oxford University Press, 2000.

[48] COELLI M B. Parental Job Loss and the Education Enrollment of Youth [J]. Labor Economics, 2011, 18(1): 25 - 35.

[49] CORNWELL C, MUSTARD D B, VAN PARYS J. Noncognitive Skills and the Gender Disparities in Test Scores and Teacher Assessments: Evidence from Primary School [J]. Journal of Human Resources, 2013, 48(1): 236 - 264.

[50] CUNHA F, SCHENNACH H S M. Estimating the Technology of Cognitive and Noncognitive Skill Formation [J]. Econometrica, 2010, 78(3): 883 - 931.

[51] DAHL G B, MORETTI E. The Demand for Sons [J]. Review of

Economic Studies, 2008,75(4),1085 - 1120.

[52] DING W, LEHRER S F. Do Peers Affect Student Achievement in China's Secondary Schools [J]. Review of Economics and Statistics, 2007,89(2): 300 - 312.

[53] DOHERTY R W, ORIMOTO L, SINGELIS T M, HATIFIELD E, HEBB J. Emotional Contagion Gender and Occupational Differences [J]. Psychology of Women Quarterly, 1995,19(3),355 - 371.

[54] EBENSTEIN A. The "Missing Girls" of China and the Unintended Consequences of the One Child Policy [J]. Journal of Human Resources, 2010,45(1): 87 - 115.

[55] EBENSTEIN A, LEUNG S. Son Preference and Access to Social Insurance: Evidence from China's Rural Pension Program [J]. Population and Development Review, 2010,36(1): 47 - 70.

[56] EISENBERG N, LENNON R. Sex Differences in Empathy and Related Capacities [J]. Psychological Bulletin, 1983,94(1),100 - 103.

[57] FANG L. Are Boys Left Behind? The Evolution of the Gender Achievement Gap in Beijing's Middle Schools [J]. Economics of Education Review, 2010,29(3): 383 - 399.

[58] FELPS W, MITCHELL T R, BYINGTON E. How, When, and Why Bad Apples Spoil the Barrel: Negative Group Members and Dysfunctional Groups [J]. Research in Organizational Behavior, 2006, 27(06): 175 - 222.

[59] FIORINI M, KEANE M P. How the Allocation of Children's Time Affects Cognitive and Noncognitive Development [J]. Journal of Labor Economics, 2014,32(4): 787 - 836.

[60] FITZSMONS E, MALDE B. Empirically Probing the Quantity-Quality

Model [J]. Journal of Population Economics, 2014,27(1): 33 - 68.

[61] FLEISHER B, LI H, ZHAO M Q. Human Capital, Economic Growth, and Regional Inequality in China [J]. Journal of Development Economics, 2010,92(2): 215 - 231.

[62] FOWLER J H, CHRISTAKIS N A. Dynamic Spread of Happiness in A Large Social Network: Longitudinal Analysis of the Framingham Heart Study Social Network [J]. British Medical Journal, 2008,337(7685): 23 - 27.

[63] FRANCESCONI M, HECKMAN J J. Child Development and Parental Investment: Introduction [J]. The Economic Journal, 2016,126(596): F1 - F27.

[64] GAVIRIA A, RAPHAEL S. School-Based Peer Effects and Juvenile Behavior [J]. Review of Economics and Statistics, 2001, 83 (2): 257 - 268.

[65] GIBBONS S, TELHAJ S. Peers and Achievement in England's Secondary Schools [J]. Serc Discussion Papers, 2008,23(1): 208 - 211.

[66] GLICK P J, MARINI A, SAHN D E. Estimating the Consequences of Unintended Fertility for Child Health and Education in Romania: An Analysis Using Twins Data [J]. Oxford Bulletin of Economics and Statistics, 2010,69(5): 667 - 691.

[67] GNIEWOSZ B, NOACK P. The Role of Between-Parent Values Agreement in Parent-to-Child Transmission of Academic Values [J]. Journal of Adolescence, 2011,35(4): 809 - 821.

[68] GOLDBERG L R. An Alternative "Description of Personality": the Big-Five Factor Structure [J]. Journal of Personality and Social Psychology, 1990,59(6): 1216 - 1229.

[69] GOLDBERG L R. The Development of Markers for the Big-Five Factor Structure [J]. Psychological Assessment, 1992,4(1): 26 - 42.

[70] GONG J, LU Y, SONG H. Gender Peer Effects on Students' Academic and Noncognitive Outcomes: Evidence and Mechanisms [J]. Social Science Electronic Publishing, 2016.

[71] HANUSHEK E A. Developing A Skills-Based Agenda for "New Human Capital" Research [J]. SSRN Electronic Journal, 2010.

[72] HANUSHEK E A, KAIN J F, MARKMAN J M, RIVKIN S G. Does Peer Ability Affect Student Achievement? [J]. Journal of Applied Econometrics, 2003,18(5): 527 - 544.

[73] HANUSHEK E A, The Trade-Off Between Child Quantity and Quality [J]. Journal of Political Economy, 1992,100(1): 84 - 117.

[74] HARDEE-CLEAVELAND K, BANISTER J. Fertility Policy and Implementation in China, 1986 - 88[J]. Population and Development Review, 1988,14(2): 245 - 286.

[75] HAUSER R M, KUO H H D. Does the Gender Composition of Sibships Affect Women's Educational Attainment? [J]. Journal of Human Resources, 1998,33(3): 644 - 657.

[76] HAVEMAN R H, WOLFE H B L. Schooling and Economic Well-Being: The Role of Nonmarket Effects [J]. Journal of Human Resources, 1984,19(3): 377 - 407.

[77] HECKMAN J J. Integrating Personality Psychology into Economics [J]. NBER Working Papers, 2011,33(3): 1 - 31.

[78] HECKMAN J J, RUBINSTEIN Y. The Importance of Noncognitive Skills: Lessons from the GED Testing Program [J]. American Economic Review, 2001,91(2): 145 - 149.

[79] HECKMAN J J, STIXRUD J, URZUA S. The Effects of Cognitive and Noncognitive Abilities on Labor Market Outcomes and Social Behavior [J]. NBER Working Papers, 2006,24(3): 411 - 482.

[80] HEINECK G, ANGER S. The Returns to Cognitive Abilities and Personality Traits in Germany [J]. Labour Economics, 2010,17(3): 535 - 546.

[81] HILGER N G. Parental Job Loss and Children's Long-Term Outcomes: Evidence from 7 Million Fathers' Layoffs [J]. American Economic Journal: Applied Economics, 2016,8(3): 247 - 283.

[82] HO D, YOUNG A. China's Experience in Reforming Its State-Owned Enterprises: Something New, Something Old and Something Chinese? [J]. International Journal of Economy, Management and Social Sciences, 2013,2: 84 - 90.

[83] HOBFOLL S E. Social and Psychological Resources and Adaptation [J]. Review of General Psychology, 2002,6(4): 307 - 324.

[84] HOFFMAN M L. How Automatic and Representational Is Empathy, and Why [J]. Behavioral and Brain Sciences, 2002,25(1): 38 - 39.

[85] HOXBY C M. Peer Effects in the Classroom: Learning from Gender and Race Variation [J]. NBER, 2000.

[86] HUANG W, LEI X, ZHAO Y. One-Child Policy and the Rise of Man-Made Twins [J]. Review of Economics and Statistics, 2016,98(3): 467 - 476.

[87] HUANG Y, LUO Y H, LUO Y J. Attention Shortage Resistance of Negative Stimuli in An Implicit Emotional Task [J]. Neuroscience Letters, 2007,412(2): 134 - 138.

[88] HUANG Y, LUO Y. Temporal Course of Emotional Negativity Bias:

An ERP Study [J]. Neuroscience Letters, 2006,398(1 - 2): 91 - 96.

[89] ILIES R, WAGNER D T, MORGESON F P. Explaining Affective Linkages in Teams: Individual Differences in Susceptibility to Contagion and Individualism-Collectivism [J]. Journal of Applied Psychology, 2007,92(4): 1140 - 1148.

[90] KNIGHT J, GUNATILAKA R. Is Happiness Infectious [J]. Scottish Journal of Political Economy, 2016,64(1): 1 - 24.

[91] LAVY V, SCHLOSSER A. Mechanisms and Impacts of Gender Peer Effects at School [J]. NBER, 2007.

[92] LAVY V, SILVA O, WEINHARDT F. The Good, the Bad and the Average: Evidence on the Scale and Nature of Ability Peer Effects in Schools [J]. NBER, 2009.

[93] LEE H Y. Xiagang, the Chinese Style of Laying off Workers [J]. Asian Survey, 2000,40(6): 914 - 937.

[94] LEE J. Sibling Size and Investment in Children's Education: An Asian Instrument [J]. Journal of Population Economics, 2008, 21 (4): 855 - 875.

[95] LEFGREN L. Educational Peer Effects and the Chicago Public Schools [J]. Journal of Urban Economics, 2004,56(2): 169 - 191.

[96] LEGEWIE J, DIPRETE T A. School Context and the Gender Gap in Educational Achievement [J]. American Sociological Review, 2012,77 (3): 463 - 485.

[97] LEI X, SHEN Y, SMITH J P, ZHOU G. Sibling Gender Composition's Effect on Education: Evidence from China [J]. Journal of Population Economics, 2017,30(2): 569 - 590.

[98] LEVIN H M, XU Z. Issues in the Expansion of Higher Education in the

People's Republic of China [J]. China Review, 2005,5(1): 33 - 59.

[99] LI B, ZHANG H. Does Population Control Lead to Better Child Quality? Evidence from China's One-Child Policy Enforcement [J]. Journal of Comparative Economics, 2016,45: 246 - 260.

[100] LI H, YI J, ZHANG J. Estimating the Effect of the One-Child Policy on the Sex Ratio Imbalance in China: Identification Based on the Difference-in-Differences [J]. Demography, 2011, 48 (4): 1535 - 1557.

[101] LI H, ZHANG J, ZHU Y. The Quantity-Quality Trade-off of Children in A Developing Country: Identification Using Chinese Twins [J]. Demography, 2008,45(1): 223 - 243.

[102] LIN J Y. Rural Reforms and Agricultural Growth in China [J]. American Economic Review, 1992,82(1): 34 - 51.

[103] LIN J Y. The Household Responsibility System Reform in China: A Peasant's Institutional Choice [J]. American Journal of Agricultural Economics, 1987,69(2): 410 - 415.

[104] LIU H. The Quality-Quantity Trade-off: Evidence from the Relaxation of China's One-Child Policy [J]. Journal of Population Economics, 2014,27(2): 565 - 602.

[105] LORDAN G, FRIJTERS P. Unplanned Pregnancy and the Impact on Sibling Health Outcomes [J]. Health Economics, 2013, 22 (8): 903 - 914.

[106] LU F, ANDERSON M L. Peer Effects in Microenvironments: The Benefits of Homogeneous Classroom Groups [J]. Journal of Labor Economics, 2015,33(1): 91 - 122.

[107] LU M, ZHANG X. Towards an Intelligent Country: China's Higher

Education Expansion and Rural Children's Senior High School Participation [J]. Working Paper, 2018.

[108] LUNDQVIST L O, DIMBERG U. Facial Expressions Are Contagious [J]. Journal of Psychophysiology, 1995,9(3): 203 - 211.

[109] MCCRARY J, ROYER H. The Effect of Female Education on Fertility and Infant Health: Evidence from School Entry Policies Using Exact Date of Birth [J]. American Economic Review, 2011,101(1): 158 - 195.

[110] MCELROY M, YANG D T. Carrots and Sticks: Fertility Effects of China's Population Policies [J]. American Economic Review, 2000,90 (2): 389 - 392.

[111] MILLIMET D L, WANG L. Is the Quantity-Quality Trade-off A Trade-off for All, None, or Some? [J]. Economic Development and Cultural Change, 2011,60(1): 155 - 195.

[112] MINCER J. A. Schooling, Experience, and Earnings [M]. New York: Columbia University Press, 1974.

[113] MIRIAM D. Women and Gender Equality in Higher Education? [J]. Education Sciences, 2015,5(1): 10 - 25.

[114] MURNANE R J, LEVY W F. The Growing Importance of Cognitive Skills in Wage Determination [J]. The Review of Economics and Statistics, 1995,77(2): 251 - 266.

[115] OECD, Education at A Glance 2015: OECD Indicators, OECD Publishing. Retrieved from http://dx.doi.org/10.1787/eag-2015-en.

[116] POWDTHAVEE N, VERNOIT J. Parental Unemployment and Children's Happiness: A Longitudinal Study of Young People's Well-Being in Unemployed Households [J]. Labour Economics, 2013,24:

253 - 263.

[117] PRESTON S D, DE WAAL F B M. Empathy: Its Ultimate and Proximate Bases [J]. Behavioral and Brain Sciences, 2001, 25 (1): 1 - 20.

[118] QIAN N. Missing Women and the Price of Tea in China: The Effect of Sex-Specific Earnings on Sex Imbalance [J]. Quarterly Journal of Economics, 2008, 123(3): 1251 - 1285.

[119] QIAN N. Quantity-Quality and the One-Child Policy: The Only-Child Disadvantage in School Enrollment in Rural China [J]. NBER, 2009.

[120] QIN X, ZHUANG C C, YANG R. Does the One-Child Policy Improve Children's Human Capital in Urban China? A Regression Discontinuity Design [J]. Journal of Comparative Economics, 2017, 45: 287 - 303.

[121] QIU L, LIN H, LEUNG A K, TOV W. Putting Their Best Foot Forward: Emotional Disclosure on Facebook [J]. Cyberpsychology, Behavior, and Social Networking, 2012, 15(10): 569 - 572.

[122] RIZZICA L. Home or Away? Gender Differences in the Effects of An Expansion of Tertiary Education Supply [J]. SSRN Electronic Journal, 2013.

[123] ROSENZWEIG M R, SCHULTZ T P. Market Opportunities, Genetic Endowments, and Intrafamily Resource Distribution: Child Survival in Rural India [J]. American Economic Review, 1982, 72 (3): 521 - 522.

[124] ROSENZWEIG M R, ZHANG J. Do Population Control Policies Induce More Human Capital Investment? Twins, Birth Weight and China's "One-Child" Policy [J]. Review of Economic Studies, 2009, 76

(3): 1149 - 1174.

[125] ROSENZWEIG M R, WOLPIN R K I. Testing the Quantity-Quality Fertility Model: The Use of Twins as A Natural Experiment [J]. Econometrica, 1980,48(1): 227 - 240.

[126] SACERDOTE B I. Peer Effects with Random Assignment: Results for Dartmouth Roommates [J]. Quarterly Journal of Economics, 2001,116 (2): 681 - 704.

[127] SACERDOTE B I. Peer Effects in Education: How might They Work, How Big Are They and How Much Do We Know Thus Far? [J]. Handbook of the Economics of Education, 2011,3(4): 249 - 277.

[128] SATO W, YOSHIKAWA S. Spontaneous Facial Mimicry in Response to Dynamic Facial Expressions [J]. Cognition, 2007,104(1),1 - 18.

[129] SCHNEEWEIS N, WINTER-EBMER R. Peer Effects in Austrian Schools [J]. Empirical Economics, 2007,32(2 - 3): 387 - 409.

[130] SIMPSON P A, STROH L K. Gender Differences: Emotional Expression and Feelings of Personal Inauthenticity [J]. Journal of Applied Psychology, 2004,89(4): 715 - 721.

[131] SPOOR J R, KELLY J R. The Evolutionary Significance of Affect in Groups: Communication and Group Bonding [J]. Group Processes and Intergroup Relations, 2004,7(4): 398 - 412.

[132] STAFFORD F P. Women's Work, Sibling Competition, and Children' School Performance [J]. American Economic Review, 1987,77(5): 972 - 980.

[133] TROW M. Problems in the Transition from Elite to Mass Higher Education [J]. Educational Problems, 1973.

[134] WALTER F, BRUCH H. The Positive Group Affect Spiral: A

Dynamic Model of the Emergence of Positive Affective Similarity in Work Groups [J]. Journal of Organizational Behavior, 2008, 29(2): 239-261.

[135] WHITMORE D. Resource and Peer Impacts on Girls' Academic Achievement: Evidence from A Randomized Experiment [J]. American Economic Review, 2005, 95(2): 199-203.

[136] WU X. Economic Transition, School Expansion and Educational Inequality in China, 1990-2000[J]. Society, 2010, 28(1): 91-108.

[137] WU X, ZHANG Z. Changes in Educational Inequality in China, 1990-2005: Evidence from the Population Census Data [M]. Bingley: Emerald Group Publishing Limited, 2010.

[138] YEUNG J W J. Higher Education Expansion and Social Stratification in China [J]. Chinese Sociological Review, 2013, 45(4): 54-80.

[139] ZHANG H, BEHRMAN J R, FAN C S, WEI X, and ZHANG J. Does Parental Absence Reduce Cognitive Achievements? Evidence from Rural China [J]. Journal of Development Economics, 2014, 111: 181-195.

[140] ZHANG J. The Evolution of China's One-Child Policy and Its Effects on Family Outcomes [J]. Journal of Economic Perspectives, 2017, 31(1): 141-160.

[141] ZHANG Z, CHEN Q. The Expansion of Higher Education Admissions and the Gender Equalization of Higher Education Opportunity: An Empirical Study Based on Chinese General Social Survey (CGSS2008) Data [J]. Journal of Chinese Sociology, 2014, 1(1): 1-19.

[142] ZICK C D, BRYANT W K, STERBACKA E. Mothers' Employment, Parental Involvement, and the Implications for Intermediate Child

Outcomes [J]. Social Science Research, 2001,30(1): 25 - 49.

[143] ZIMMERMAN D J. Regression Toward Mediocrity in Economic Stature [J]. American Economic Review, 1992,409 - 429.

[144] ZIMMERMAN D J. Peer Effects in Academic Outcomes: Evidence from A Natural Experiment [J]. Review of Economics and Statistics, 2003,85(1): 9 - 23.

当代经济学创新丛书

第一辑（已出版）

《中国资源配置效率研究》（陈登科　著）

《中国与全球产业链：理论与实证》（崔晓敏　著）

《气候变化与经济发展：综合评估建模方法及其应用》（米志付　著）

《人民币汇率与中国出口企业行为研究：基于企业异质性视角的理论与实证分析》（许家云　著）

《贸易自由化、融资约束与中国外贸转型升级》（张洪胜　著）

第二辑（待出版）

《家庭资源分配决策与人力资本形成》（李长洪　著）

《资本信息化的影响研究：基于劳动力市场和企业生产组织的视角》（邵文波　著）

《机会平等与空间选择》（孙三百　著）

《规模扩张和效率损失：政企联系对我国民营企业发展的影响研究》（于蔚　著）

《市场设计应用研究：基于资源配置效率与公平视角的分析》（焦振华　著）

图书在版编目(CIP)数据

家庭资源分配决策与人力资本形成/李长洪著.—上海:上海三联书店,2022.7
(当代经济学创新丛书/夏斌主编)
ISBN 978 - 7 - 5426 - 7680 - 1

Ⅰ.①家… Ⅱ.①李… Ⅲ.①人力资本-投资分析-研究-中国 Ⅳ.①F249.21

中国版本图书馆 CIP 数据核字(2022)第 035474 号

家庭资源分配决策与人力资本形成

著　　者 / 李长洪

责任编辑 / 李　英

装帧设计 / 徐　徐

监　　制 / 姚　军

责任校对 / 王凌霄

出版发行 / 上海三联书店

　　　　　(200030)中国上海市漕溪北路 331 号 A 座 6 楼

邮　　箱 / sdxsanlian@sina.com

邮购电话 / 021 - 22895540

印　　刷 / 上海颛辉印刷厂有限公司

版　　次 / 2022 年 7 月第 1 版

印　　次 / 2022 年 7 月第 1 次印刷

开　　本 / 640 mm×960 mm　1/16

字　　数 / 180 千字

印　　张 / 12.5

书　　号 / ISBN 978 - 7 - 5426 - 7680 - 1/F·859

定　　价 / 48.00 元

敬启读者,如发现本书有印装质量问题,请与印刷厂联系 021 - 56152633